Aktien-für-Einsteiger

Wie Sie in der Wirtschaftskrise 2020 massiv profitieren, passives Einkommen aufbauen und Finanzielle Freiheit erlangen inkl. ETF Checkliste

Andrew P. Soros

ISBN- 9798632162579

Inhaltsverzeichnis

Über den Autor

Andrew P. Soros wurde im Jahre 1967 geboren. Er studierte Ökonomie in Deutschland und den USA und lernte dabei zum ersten Mal die wichtigen Mechanismen des Marktes kennen. Er fand einen Job im Management eines Investmentfonds und arbeitet sich über die Zeit zum Manager mehrere Fonds nach oben.

Neben seiner Arbeit als Fondsmanager, investierte Andrew P. Soros auch privat in Aktien. Er hängte seinen Job an den Nagel und beschloss, sich mehr auf seine Familie zu konzentrieren. Um dies zu ermöglichen, verdiente er weiter 5-stellige Beträge an der Börse. Er tat dies über das Internet und verbrachte den Großteil seiner Freizeit mit seinen Liebsten.

Nachdem seine Kinder das elterliche Haus verließen um ihrerseits selbstständig und an der Börse erfolgreich zu sein, widmete er sich dem Schreiben. Er möchte erreichen, dass mehr Leute an der Börse erfolgreich sind. Als langjähriger Broker, Manager und Investor weiß er, worauf es ankommt und welche Gefahren lauern. Die meisten Anleger schaffen es nicht, das erste Jahr zu durchstehen. Sein großes Anliegen ist es, den Menschen eine Wahl zu geben. Sie sollen das erste Jahr erfolgreich meistern und dann entscheiden, ob sie weiter an der Börse erfolgreich sein oder ihr Geld anderweitig anlegen wollen.

Neben dem reinen Thema des Aktienmarktes und des Anlegens, geht es Andrew P. Soros auch um das Thema Motivation. Ihn faszinierte seit langem die Frage, warum einige es schaffen und andere aufgeben, wo es doch eigentlich alle schaffen können. Daher widmete er auch den letzten Teil dieses Buches der großen Frage, wie du es schaffst, durchzuhalten. Wie vermagst du es, die ersten Fehlschläge zu überstehen und dennoch motiviert zu bleiben, um am Ende Erfolg zu haben. Lies das Buch und finde es heraus.

Einleitung

Der Aktienmarkt beherrscht die Fantasie der Leute. Da kann man schnell verdienen, glauben sie. Was sie aber nicht sehen, ist, dass man dort auch schnell verlieren kann. Es ist ein Risiko und wenn man gewinnen will, muss man wissen, worauf man sich einlässt, wie die Regeln des Spieles sind und wie man diese Regeln für sich selbst einsetzt.

Im Moment kommt noch eine besondere Note zu diesem Spiel. Das Coronavirus und die Rezession. Lohnt es sich da noch, überhaupt in den Markt einzusteigen und wenn ja, wie? Der Traum, am Aktienmarkt den finanziellen Durchbruch zu schaffen, wird nie aufhören. Damit du dabei erfolgreich bist, wurde dieses Buch für dich geschrieben.

Hier in diesem Buch wirst du lernen, warum es sich noch immer lohnt, in Aktien zu investieren. Du wirst die Regeln kennenlernen und wie man davon profitiert. Mach dich auf eine interessante Reise in die Welt der Finanzmärkte gefasst. Am Ende erfährst du auch, wie du das Ganze für dich ganz persönlich umsetzen kannst.

Was sind Aktien, Fonds und ETFs

Beginnen wir mit einer wesentlichen, einer grundlegenden Frage: Was sind eigentlich Aktien, Fonds und ETFs? Du wirst diesen Begriffen an der Börse und in diesem Buch immer wieder begegnen. Daher ist es wichtig, zu verstehen, worum es sich dabei überhaupt handelt.

Was sind Aktien

Aktien gehören zu den Wertpapieren. Sie sind ein Papier, in welchem ein Wert enthalten ist. Dieser Wert besteht aus dem Anteil an einem Unternehmen, einer sogenannten Aktiengesellschaft. Der Wert kann über die Zeit hinweg schwanken und das gibt dir die Möglichkeit, mit einer Aktie Geld zu verdienen.

Der erste Weg ist es, eine Aktie einfach nur zu kaufen. Diese Aktie repräsentiert einen Prozentsatz des Eigentums an der AG. Wie groß dieser Prozentsatz ist, hängt davon ab, wie viele Aktien insgesamt von dem betreffenden Unternehmen ausgegeben wurde. Sagen wir, es handelt sich insgesamt um

10.000 Aktien. Kaufst du nun 100 davon, dann gehört dir 1% der Firma.

Eine Aktie zu besitzen, bringt dir bestimmte Rechte und dazu noch einen kleinen Profit. Die Rechte beschränken sich größtenteils auf die Generalversammlung. Diese findet einmal pro Jahr statt und zu ihr werden alle Aktieninhaber eingeladen. Dort gibt die AG ihre Politik und die Zahlen des letzten Jahres bekannt. Es wird auch darüber abgestimmt, wie das Unternehmen im neuen Jahr weiterentwickelt werden soll. Dabei hast du ein Stimmrecht entsprechend der Menge an Aktien, die du besitzt.

Nun willst du aber mit Aktien Geld machen und nicht unbedingt an irgendwelchen Abstimmungen oder Wahlen teilnehmen. Aber auch das geht, wenn du der Inhaber einer Aktie bist. In jedem Jahr wird theoretisch eine Dividende auf jede Aktie ausgezahlt. Die Dividende ist dein Anteil an dem Profit des Unternehmens aus dem Vorjahr, der nicht wieder in das Unternehmen investiert wird. Hier siehst du bestimmt auch gleich zwei Probleme und du liegst mit beiden richtig.

Das erste Problem ist, dass du keine Dividenden bekommst, wenn das Unternehmen keinen Profit gemacht hast. Dann gehst du einfach nur leer aus. Das kann aber auch ebenso passieren, wenn das zweite Problem eintrifft. Dabei liegt zwar ein Profit vor, doch die AG entscheidet, diesen komplett wieder in das Unternehmen zu investieren. Auch dann gehst du leer aus. Mach dir aber nichts vor. Selbst wenn Dividenden gezahlt werden, wirst du damit nicht reich. Daher solltest du nicht unbedingt auf diesen Weg hoffen, dass sich deine Investition auszahlt.

Was die meisten Leute machen, um an Aktien Geld zu verdienen, ist der zweite Weg. Dieser besteht darin, die Aktie zu handeln. Das einfachste ist dabei, die Aktie zu kaufen, wenn sie niedrig steht und zu verkaufen, wenn sie gestiegen ist. Das ist ein simples Prinzip, doch du musst erkennen, wenn sie wirklich niedrig steht und wann sie steigen wird.

Der dritte Weg ist ein wenig riskanter. Hier handelst du mit Optionen. Optionen sind ein Recht, die Aktie zu einem bestimmten Preis zu kaufen. Wenn du weißt, dass die Aktie steigen wird, kannst du sie zu einem höheren Preis verkaufen und über die Optionen zu ihrem alten, niedrigeren Preis kaufen. Dann sind da noch die Wetten, mit denen du auch dann noch Geld machst, wenn die Aktie fällt. Das ist jedoch hochriskant und nichts für Einsteiger.

Die Aktienfonds

Fonds sind ein wenig komplizierter und zugleich einfacher. Sie sind einfacher, weil es im Fond einen Manager gibt. Dieser kauft und verkauft die Aktien, nicht du persönlich. Du steigst mit einer Summe in den Fond ein und du kannst dann einen Anteil am Profit erhalten. Ist der Fondmanager gut, dann ist der Profit groß. Ist er nicht so gut, dann ist der Profit nicht so groß. Es kann auch Verluste geben. Dann machst auch du keinen Gewinn, sondern du hast am Ende weniger Geld zur Verfügung.

Der Vorteil eines Fonds für Einsteiger ist, dass jemand mit Fachwissen und Erfahrung die Aktien aussucht. Dafür gibt es aber eine ganze Reihe von Nachteilen. Diese beginnen, dass ein

Einsteiger nur schwer erkennen kann, welche Fonds sich lohnen.

Weiterhin verfügen Fonds über Regeln und Kosten. Die größten Kosten sind die Gebühren für den Fondmanager. Dieser macht seine Arbeit nämlich nicht umsonst. Das heißt, wenn du Erfolg hast, ist dein Profit geringer, weil der Manager davon einen Teil abbekommt.

Die Regeln von Fonds sind sehr unterschiedlich. So kann der Zugang dazu eingeschränkt sein. Es kann Beschränkungen hinsichtlich der Einlagesummen oder des Beitritts zu einem Fond geben. Es kann aber auch sein, dass die Fonds ihre Anteile wie Aktien ausschütten und sie auch so gehandelt werden können. Genau diese Unterschiede machen sie wieder kompliziert. Fonds sind also ein zweischneidiges Schwert und der Einstieg darin sollte gut überlegt sein.

ETFs

Ein ETF ist ein Exchange Traded Funds. Dahinter verbirgt sich ein Indexfonds. Du hast es bestimmt schon ein paar Mal im Fernsehen gesehen, dass von dem DAX und Indizes gesprochen wird. Indizes enthalten bestimmte Aktien bestimmter Unternehmen. Der DAX ist ein solcher Index, nämlich der Deutsche Aktien Index. In ihm sind die Aktien der 30 größten deutschen Aktienunternehmen enthalten. Zusammen bilden sie die Entwicklung der Wirtschaft oder eines bestimmten Wirtschaftsbereiches ab.

ETFs haben zwei große Vorteile. Als erstes sind sie praktisch Idiotensicher. Hier wird nicht viel gemanagt, sondern nur nachgeahmt, was in einem Index vorgemacht wird. Die darin enthaltenen Aktien steigen auch gewöhnlich, so dass hier kein großes Risiko für dich besteht. Zweitens sind die Gebühren für den Manager geringer als bei den anderen Fonds. Der Manager muss seinerseits nicht viel machen und das heißt, er wird geringer entlohnt.

ETFs sind also im Prinzip ein guter Weg, in den Markt einzusteigen und ein Gefühl dafür zu bekommen. Danach kannst du dich an die eigenen Aktien wagen. Es geht darum, dass du am Anfang nicht nur die Aktien kennenlernst, sondern auch, wie der Markt selbst funktioniert. Das geht am besten mit einem geringen Risiko und dafür sind die ETFs goldrichtig.

Coronavirus, jetzt geht's runter – Solltest du da noch Investieren?

Jetzt liest du dir dieses Buch durch und fragst dich, ob es sich überhaupt noch lohnt, in die Märkte einzusteigen. Dort herrscht doch gerade Weltuntergangsstimmung und jeder will nur seine Aktien loswerden. Ja, diese Frage ist berechtigt. Die Antwort ist aber auch darauf sehr einfach. Wenn jeder verkaufen will, dann gehen die Preise runter und es lohnt sich, zu kaufen. Jede Krise ist eine Gelegenheit, denn danach kommt wieder der Aufschwung und dann machst du deinen Gewinn.

Der Abschwung

Um die Chancen, die im Markt stecken, zu verstehen, musst du erkennen, warum es überhaupt zu den sinkenden Zahlen kam. Wenn diese eine mangelnde Leistungskraft der Wirtschaft anzeigen oder wenn es vorher eine Blase gab, dann solltest du nicht investieren. Anders ist es jedoch, wenn der Abstieg selbst praktisch eine umgekehrte Blase war und damit bald wieder ein Ende nimmt.

Du hast bereits gelesen, was ein ETF ist. Noch einmal kurz aufgefrischt, es ist ein Fond mit minimalem Input durch einen Manager, denn er bildet einen Index ab. Gut, das war einfach. Die meisten ETFs sind sogar so einfach zu managen, dass dahinter ein Computer steht.

Als das Coronavirus erste Probleme für die Wirtschaft befürchten lies, gaben die Märkte ein wenig nach. Das heißt, bestimmte Indizes, darunter auch der DAX, gaben nach. Nun versteht ein Computer das nicht. Was er aber versteht, sind simple „Wenn…, dann…“ – Befehle. Ein solcher war, dass er verkaufen soll, sobald die Zahlen so und so viel absinken. Genau das haben die Computer getan.

Was passiert nun, wenn die Märkte ein wenig nachgeben und dann Aktien, wie zum Beispiel durch die Computer in den ETFs, verkauft werden? Die Preise sinken. Es gibt einfach zu viele der Aktien am Markt und um sie zu verkaufen, werden sie immer billiger angeboten. Das bringt eine Abwärtsspirale in Gang. Die Kurse fallen, die Aktien werden noch mehr verkauft und die Kurse geben daraufhin noch einmal nach.

Der Trend nach unten wird nicht lange anhalten, weil die Leute erkannt haben, dass der Abstieg mit den ETFs begann. Darüber hinaus gab es auch Panikverkäufe aufgrund der Epidemie mit dem Coronavirus, aber auch hier sind es gar nicht so große Mengen an Aktien, die auf den Markt geworfen wurden. Das Coronavirus wird bald seinen Schrecken verlieren und der Markt wird wieder normal reagieren.

Öl und Luftverkehr

Neben einer Panik gab es aber auch zwei Bereiche, bei denen der Abschwung handfestere Gründe hat. In diesen beiden Bereichen muss daher mit Vorsicht vorgegangen werden. Diese Bereiche sind einmal alles, was mit dem Öl zu tun hat und zum anderen alles, was sich um den Luftverkehr dreht.

Die Ölbranche hat einen Rückschlag erlebt, weil die Leute aufgrund des Virus weniger reisen. Damit sinkt allgemein die Nachfrage an den Tankstellen. Es gibt also zu viel Öl auf dem Markt, so dass dessen Preis sinkt. Damit nicht genug. Auf der anderen Seite wurde gerade jetzt die Fördermenge erhöht.

Normalerweise sprechen sich die ölproduzierenden Staaten hinsichtlich ihrer Fördermenge ab. Damit reicht das Öl länger und zugleich werden die Preise hochgehalten. Dieses Mal aber kam es zu keiner Einigung zwischen Russland und Saudi-Arabien hinsichtlich der Fördermenge. Daraufhin hat Saudi-Arabien seine Produktion erheblich erhöht, um Russland preislich aus dem Markt zu drängen. Das hat dem Ölsektor einen weiteren Schlag verpasst.

Auf der anderen Seite sind es vor allem die Luftfahrgesellschaften, die unter dem Coronavirus leiden. Sie haben einen kleinen Trost. Der Treibstoff ist so billig wie schon lange nicht mehr. Davon jedoch abgesehen gibt es eine Menge Flugrouten, die nicht mehr beflogen werden können. Zum einen sind es Reisebeschränkungen, die dies verhindern und zum anderen sinkt einfach die Zahl der Reisenden zu sehr ab. Dann lohnen sich die Flüge einfach nicht mehr. Einige Gesellschaften haben daher ihr Routennetz erheblich zusammengestrichen, während andere den Betrieb gleich ganz eingestellt haben.

Sollte man jetzt in den Markt einsteigen?

Die Regierungen lassen den Markt nicht allein. So haben sie verschiedene Rettungsmaßnahmen beschlossen, an denen auch die Zentralbanken beteiligt sind. Das stabilisiert die Märkte und flößt den Anlegern wieder vertrauen ein.

Die Märkte waren überverkauft. Die Kurse stabilisieren sich bereits und werden auch bald wieder anziehen. Im Moment sind sie in einem Tief, bei dem sich der Kauf lohnt. Dabei werden sie bald die Talfahrt gespiegelt in einen Aufwärtstrend umwandeln. Es gibt natürlich Ausnahmen, vor allem in der Öl- und Luftfahrtindustrie, sowie allen Unternehmen, die sich um Reisen drehen.

Im Moment sind die Preise gut. Zu lange zu warten, führt nur dazu, dass du den besten Einstiegszeitpunkt verpasst. Wenn das geschieht, hat sich der Markt wieder normalisiert. Dann ist ein Einstieg auch möglich, doch dann hast du eine goldene Gelegenheit verpasst.

Die Börse

Die Börse ist der Handelsplatz, an denen die Aktien und andere Wertpapiere gehandelt werden. Es gibt davon zwei Kategorien, die herkömmlichen, traditionellen Börsen und die Internetbörsen. Bei beiden werden die Aktienkurse festgehalten und die Kauf- bzw. Verkaufsordern abgewickelt.

Typische, traditionelle Börsen sind die New York Stock Exchange, auch Wall Street genannt, und die Frankfurter Börse. Bei beiden kannst du handeln, zum Beispiel, indem du dort eine Kauforder aufgibst. Das geht über deine Hausbank oder einen professionellen Trader.

Schauen wir uns die deutsche Frankfurter Börse ein wenig genauer an, werden wir schnell feststellen, dass sie selbst eine Aktiengesellschaft ist. Sie ist unter dem Namen Deutsche Börse AG registriert. Sie selbst ist eine der 30 Aktiengesellschaften, die im DAX enthalten sind.

Eine wichtige Internetbörse ist in Deutschland zum Beispiel Xetra und in den USA die Nasdaq. Hier werden die Ordern über das Internet aufgegeben und auch direkt ausgeführt. Jede Börse ermittelt dabei ihre Kurse unabhängig von den anderen Börsen.

Neben den Kursen für einzelne Aktien, bilden die Börsen auch die Indizes ab. Jeder Index stellt dabei die zusammengefassten Kurse von Aktien bestimmter Unternehmen dar. Damit sollen vor allem bestimmte Trends an dem Markt dargestellt werden.

Willst du an der Börse handeln, brauchst du zuerst ein Depot. Diese bekommst du von Händlern, die ihrerseits meistens Banken sind. Bei den Händlern gibst du deine Aufträge für den Kauf und Verkauf auf und die Aktien werden dann in deinem Depot aufbewahrt.

Als Anfänger solltest du zuerst einmal lernen, wie alles an der Börse läuft. Das beinhaltet die Analyse der Kurse, die Voraussage der Entwicklungen und dazu noch die technische Seite. Letztere umfasst das Aufgeben von Aufträgen, wie lange diese dauern und was diese kosten. Das alles kannst du natürlich mit deinem Geld machen und dieses dabei vielleicht gleich noch verlieren. Es gibt jedoch eine Alternative. Diese besteht aus einem Musterdepot.

Ein Musterdepot ist kein echtes Depot. Es wird dir gewöhnlich gratis zur Verfügung gestellt. Es gibt keinen Manager oder Händler, der sich um dein Depot selbst kümmerst. Alle Aufträge, die du aufgibst, werden elektronisch und nur simuliert abgewickelt. Dabei bildet dann das Musterdepot deinen Erfolg oder aber auch deinen Misserfolg ab.

Händler bieten dir die Musterdepots an, weil sie hoffen, dass du bei ihnen ein echtes Depot eröffnen wirst, wenn du mit deinem Muster zufrieden bist. Der Vorteil eines solchen Musterdepots für beide Seiten liegt damit auf der Hand. Du bekommst eine kostenlose Chance, dich auszuprobieren und der Händler baut langsam eine Bindung auf. Es gibt aber auch einen großen Nachteil.

Ein Musterdepot ist nicht das echte Spiel an der Börse. Du kannst nichts gewinnen und nichts verlieren. Dabei gehst du dann, wie in einem Computerspiel, relativ kalt und berechnend vor, denn es besteht ja kein Risiko. Bist du dann so richtig gut mit deinem Musterdepot, ist das leider keine Aussage, ob du mit einem echten Depot auch gut sein wirst.

Mit einem echten Depot hast du die Chance, echtes Geld zu gewinnen und dazu kommt das echte Risiko, dein Geld zu verlieren. Dann plötzlich pumpt dein Herz bis in deinen Hals. Dann wirst du gierig oder ängstlich. All das wirkt sich auf deine Entscheidungen aus. Was dann mit dem Musterdepot so einfach war, kann nun sehr viel schwerer sein.

Dieser Nachteil bedeutet nicht, dass du dir kein Musterdepot zulegen solltest, ganz im Gegenteil. Das Musterdepot ist der richtige Anfang. Du musst dir jedoch im Klaren sein, dass du in der echten Finanzwelt unter Stress agiert. Lern alles im Musterdepot, dann verringerst du den Stress beim echten Investieren. Zugleich musst du beim echten Geldanlegen darauf achten, dass du nicht deinen Gefühlen die Kontrolle übergibst.

Bevor du dir ein echtes Depot zulegst, legst du dir besser ein Musterdepot an. Dabei gibt es aber noch einen wichtigen Punkt zu bedenken. Bei einem echten Depot kommen Kosten auf dich zu. Da sind Preise für die Depotmiete, obwohl diese bei Online Börsen meistens kostenlos sind. Dann kommen aber noch komplizierte Berechnungen bezüglich der Preise für Aufträge, die aus Festpreisen und Prozenten des Auftragsvolumens bestehen.

Wenn du dir ein Musterdepot zulegst, wirst du später dein echtes Depot genau beim gleichen Händler anlegen. Da gibt es also einiges noch vor der Eröffnung des Musters zu bedenken. Das beginnt damit, ob du lieber oft oder nur selten tradest. Es gibt Depots, die dir weniger pro Auftrag abverlangen und diese lohnen sich, wenn du oft eine Kauf- oder Verkaufsorder aufgibst. Das musst du dann gegen die Mindestgebühren und die Miete rechnen.

Nur, nachdem du dir überlegt hast, wie du vorgehst, solltest du mit dem Preisvergleich beginnen. Wenn du dann eine Ahnung hast, welcher Händler der Richtige für dich ist, solltest du bei ihm ein Musterdepot eröffnen. Du kannst aber auch gern ein Musterdepot bei zwei oder drei Händlern anlegen und dann sehen, welches sich für dich besser rechnet.

Die Kurse

Die Börse ist es auch, die die Kurse für die Aktien festhält. Die Kurse werden jedoch nicht von der Börse selbst gemacht. Sie ergeben sich aus dem Angebot und der Nachfrage und daraus entwickelt sich nicht nur ein Kurs, sondern drei Kurse für jede Aktie, der historische Kurs, der Briefkurs und der Geldkurs. Dazu gibt es noch ein Match und den Spread.

Der historische Kurs

An der Börse werden die Aktien gehandelt. Dabei bieten Aktieninhaber ihre Papiere zu einem bestimmten Preis an. Auf der anderen Seite stehen die, die Aktien kaufen wollen. Sie stellen eine Anfrage für den Kauf.

Die Verkäufe an der Börse laufen automatisch ab. Sobald sich die Preise für den Kauf und Verkauf treffen, wird der Kauf sofort abgewickelt. Das geschieht ohne menschliches Zutun. Der Preis, der dabei erzielt wurde, wird dann als historischer Kurs festgehalten. Wann immer du Aktienkurse im Fernsehen siehst, ist das dieser historische Kurs.

Der historische Kurs zeigt nur an, was geschehen ist. Er hat für sich allein betrachtet keinerlei Aussagekraft für die Zukunft. Er wird jedoch von vielen Analysten verwendet, um daraus Rückschlüsse zu ziehen und Prognosen anzustellen.

Der Geldkurs

Neben den Verkäufen muss die Börse auch festhalten, wer zu welchem Preis kaufen möchte. Wann immer jemand eine Aktie kaufen möchte, erstellt er ein Bid. Diese enthält den gewünschten Preis und die gewünschte Menge der Aktie. Das höchste Bid wird als sogenannter Bid Kurs oder zu Deutsch als Geldkurs festgehalten.

Die Börse ist also zum einen die Stelle, an der alle Verkäufe festgehalten werden. Zum anderen dient sie auch als Orderbuch für all diejenigen, die für sich Aktien erwerben wollen. Wie du dabei sehen kannst, sind nicht alle Kaufanfragen erfolgreich. Damit du deine Aktien bekommst, müssen zwei Voraussetzungen erfüllt sein.

Als erstes muss die betreffende Aktie, die du kaufen möchtest, überhaupt an dieser Börse gehandelt und vorhanden sein. Du kannst nichts kaufen, was nicht verfügbar ist. Daher kann es leicht passieren, dass eine Kaufanfrage ins Leere läuft, wenn du dich nicht entsprechend zuvor informierst.

Als zweites musst du den richtigen Preis bieten. Ist dein Angebot zu niedrig, wird sich niemand bereitfinden, dir diese Aktie zu kaufen. In deiner Kauforder kannst du eine Preisspanne angeben. Diese beginnt mit dem Kaufpreis und endet mit dem Kaufstopp. Um damit erfolgreich zu sein, muss sich die Aktie in dieser Spanne bewegen. Auch hier kann eine Kauforder wieder ins Leere laufen, wenn die Aktie sich nicht so entwickelt, wie du das vorausgesagt hast.

Der Briefkurs

Neben den Ordern für einen Kauf gibt es auch Aktieninhaber, die an der Börse ihre Aktien verkaufen wollen. Sie stellen ein Verkaufsangebot ein. Dieses enthält die Menge der Aktien und der Preis, der für diese Aktien verlangt wird. Das ist dann ein Ask. Aus dem jeweils niedrigsten Ask wird der Ask Kurs bzw. der Briefkurs erstellt.

Ist niemand an deiner Aktie interessiert oder ist der Preis, den du eingestellt hast, zu hoch, wirst du sie nicht verkaufen können. Du musst also auch hier wieder mit Bedacht vorgehen, denn sonst bleibst du auf deinen Aktien sitzen.

Match

Die Börse bringt die Kurse ständig auf den neuesten Stand. Dabei wird mehrmals pro Sekunde sowohl der Geld- als auch der Briefkurs überprüft. Unter normalen Umständen liegt der Briefkurs immer ein wenig über dem Geldkurs. Das hat einen einfachen Grund. Sobald sich nämlich beide Kurse treffen, wird daraus ein Verkauf und es entsteht der historische Kurs. Das ist dann ein Match.

Bei jedem Match wird der Verkauf automatisch durchgeführt. Das Geld wird von der Börse von dem Käufer an den Verkäufer transferiert und die Aktien wandern von dem

Depot des Verkäufers in das Depot des Käufers. Dafür brauchst du nichts weiter zu unternehmen.

Der Spread

Zwischen Geld- und Briefkurs gibt es immer eine kleine Lücke. Diese Lücke wird Spread genannt. Der Spread ist bei bestimmten Aktien kleiner und bei anderen größer. Das liegt vor allem daran, ob es von einem Unternehmen viele oder nur wenige Aktien am Markt vorhanden sind. Je mehr da sind, desto wahrscheinlicher treffen sich Angebot und Nachfrage und desto kleiner ist der Spread.

Die Preise ergeben sich aus dem Angebot und der Nachfrage. Wollen viele Käufer eine Aktie erwerben, wird diese schnell gekauft und ihre Verfügbarkeit am Markt schrumpft. Diejenigen, die sie noch immer haben und verkaufen wollen, werden nun ihrerseits den Preis anziehen. Wollen die Käufer weiterhin die Aktie kaufen, werden sie mit ihrem Preis ebenfalls nach oben gehen und schon steigt der historische Kurs, wenn zu den höheren Preisen Verkäufe erzielt werden.

Auf der anderen Seite, wenn mehr und mehr Aktieninhaber ihre Aktien auf den Markt werfen, wird es nicht genügend Käufer dafür geben. Dann senken sie den Preis, um die Aktie attraktiver zu machen. Die Folge ist, dass mehr Käufer auf diese Aktie aufmerksam werden und sie zu einem niedrigeren Wert kaufen. Damit sinkt der Preis über den historischen Kurs nach und nach, weil immer neue Verkäufe zu immer niedrigeren Preisen stattfinden.

So werden die Kurse abgebildet

Nun weißt du, wie die Kurse zustande kommen. Das aber reicht noch lange nicht, um an der Börse anzufangen. Du musst nun auch verstehen, wie die Kurse abgebildet werden. Das geschieht in den Charts und dort werden gewöhnlich immer nur die historischen Kurse dargestellt. Die Darstellung selbst ist jedoch ein wenig komplizierter und du musst erst einmal üben, sie zu verstehen.

Die Liniencharts

Liniencharts sind die einfachsten Darstellungen der Kurse. Darum sind es auch diese Charts, die du gewöhnlich siehst, wenn in den Nachrichten über die Aktien gesprochen wird. Sie sind so einfach, weil sie nur zwei Informationen anzeigen. Das eine ist die Zeit und das andere der Wert der Aktie an einem bestimmten Zeitpunkt. Dafür werden Momentaufnahmen verwendet und die Punkte danach mit einer Linie verbunden. Diese erlaubt es dir dann, eine Tendenz aus dem Ganzen abzulesen.

Liniencharts sind aufgrund ihrer einfachen Systematik gut geeignet, längere Zeiträume darzustellen. Hier brauchst du keine genaueren Informationen. Ein genereller Trend ist mehr als genug. Durch die einfache Darstellung bleiben dann auch Monats- und Jahreszeiträume noch immer übersichtlich. Für kurzfristige Darstellungen und kurzfristige Entscheidungen dagegen sind Liniencharts weniger gut geeignet.

Die Balkencharts

Die Balkencharts, auch Barcharts genannt, zeigen dir viel mehr Informationen. Sie sind jedoch heute veraltet und werden kaum noch angewendet. Dennoch musst du sie ablesen können, wenn du einmal über sie stolpern.

Was die Balkencharts am Leben erhält, das ist die einfache Farbgestaltung. Sie arbeiten nur mit den Farben schwarz und weiß. Damit aber fehlen Signaltöne und das ist es, was diese Charts für heutige Zeiten nicht mehr so unbedingt geeignet macht.

Balkencharts eignen sich sehr für die Darstellung kurzfristiger Zeiträume. Das geht von drei Monaten bis zu einem Tag herunter. Sie zeigen viel mehr Informationen, basieren aber im Grunde genommen auf dem gleichen Prinzip wie die Liniencharts.

In den Liniencharts hast du Momentaufnahmen, die mit einer Linie verbunden werden. Die Momentaufnahmen sind zum Beispiel die Tageskurse, die von Tag zu Tag schwanken. Die Linien machen dann daraus die bekannten Kurven mit ihrem Auf und Ab. Balkencharts nehmen dieses Prinzip und fügen ihm noch Informationen hinzu. Sie nehmen die

Momentaufnahme und arbeiten diese ihrerseits mit neuen Informationen auf. Darin wird dann die Linie als Kurve eingearbeitet.

Die Balkencharts eines Monats zeigen dann zum Beispiel als Momentaufnahmen die Tage. Während in einem Linienchart jeder Tag nur einen Punkt darstellt, wird der Tag im Balkenchart mit einem Eröffnungs- und Schlusskurs sowie einem Höchst- und einem Niedrigstand dargestellt.

Bleiben wir bei dem Monat und den Tagen. Jeder Tag wird mit einem Balken und zwei kleinen waagerechten Linien an dem Balken, eine rechts und eine links, dargestellt. Der Balken repräsentiert den Höchst- und Tiefststand und die Linien den Eröffnungs- und Schlusskurs.

Nehmen wir eine Aktie, die gefallen ist. Der höchste Punkt des Balkens ist der Höchststand der Aktie an diesem Tag. Der niedrigste Punkt des Balkens ist der Tiefststand. Ist der Balken sehr lang, ist die Aktie sehr tief gefallen. Ist der Balken sehr kurz, dann hat sich der Wert der Aktie kaum verändert.

Die kleine Linie auf er linken Seite repräsentiert den Eröffnungskurs. Die kleine Linie auf er rechten Seite zeigt den Schlusskurs. Da die Aktie gefallen ist, befindet sich der Eröffnungskurs auf einem höheren Stand als der Schlusskurs. Wäre die Aktie gestiegen, würde sich die Linie auf der rechten Seite oberhalb der Linie auf der linken Seite befinden.

Die Kurslinie dockt an den Balken auf der linken Seite an der Linie für den Eröffnungskurs an. Sie verlässt den Balken auf der rechten Seite an der Linie für den Schlusskurs. Daraus wird dann insgesamt der Kurs mit vielen kleinen Balken für jeden Tag.

Die Kerzencharts

Die Kerzen- oder Candlecharts sind der heutige Stand der Technik Sie sind übersichtlicher, weil sie mehr Farben in die Darstellung bringen und damit eine gewisse Signalwirkung erreichen. Dadurch ist es leichter für dich, die Informationen abzulesen.

Im Grunde genommen ähnelt der Aufbau des Kerzencharts dem des Balkencharts. Auch hier wird wieder die Momentaufnahme genommen und über eine Linie in einen Kurs eingebunden. Auch wird hier wieder die Momentaufnahme mit Informationen aufgefüllt und diese sind wieder die Höchst- und Tiefststände, sowie die Eröffnungs- und Schlusskurse.

Nehmen wir eine Aktie, die steigt. Wir stellen diese Aktie in einem Kerzenchart über einen Zeitraum von einem Monat dar. Jeder Tag wird dabei von einer Kerze repräsentiert. Die Kerze hat einen Körper und einen Docht, der nach oben und nach unten über den Körper hinausragt.

Der Docht zeigt mit seinem höchsten Punkt den Höchststand der Aktie an diesem Tag an. Der tiefste Punkt des Dochts unterhalb der Kerze zeigt den Tiefststand. Der Docht ist nur eine einzelne Linie und zeigt nichts weiter als diese beiden Informationen an.

Die Kerze bildet den Eröffnungs- und den Schlusskurs. Wir sagten, die Aktie ist gestiegen. Dann befindet sich der Eröffnungskurs am unteren Rand der Kerze. Die Kurslinie dockt an der linken unteren Ecke der Kerze an. Der obere Rand der Kerze ist der Schlusskurs. Die Kurslinie verlässt die Kerze an der oberen rechten Ecke. Die Kurslinie würde sich anders herum verhalten, wenn die Aktie gefallen wäre. Dann würde sie oben links andocken und unten rechts die Kerze verlassen.

Die Kerze ist komplett, wenn sie eine Farbe erhält. Ist die Aktie gestiegen, wie in unserem Beispiel, dann ist die Farbe der Kerze grün. Ist die Aktie dagegen gefallen, dann ist die Farbe der Aktie rot.

Der gleitende Durchschnitt

Ein Kerzenchart erlaubt es, viele Informationen auf einmal zu erkennen. Das ist jedoch noch immer nicht genug, wenn du selbst Aktien handeln möchtest. Besonders als Daytrader, der jeden Tag Aktien kauft und verkauft, brauchst du mehr Informationen, um Entwicklungen ablesen zu können. Dafür hast du den gleitenden Durchschnitt und den Trendkanal.

Der gleitende Durchschnitt wird unter dem Kürzel MA in den Charts ein und ausgeblendet. Dazu gibt es noch eine Zahl. MA steht für Moving Average, also gleitender Durchschnitt. Die Zahl steht für den Zeitraum in Tagen. Typische Zeiträume sind 10, 20, 50 und 100 Tage. Das wären dann die MA10, MA20, MA50 und MA200.

Der gleitende Durchschnitt wird dadurch gebildet, dass der Durchschnitt des Kurses für die Dauer des Zeitraumes genommen wird. Das heißt, für den MA20 werden die 20 letzten Tage in ihrem Kurswert addiert und durch 20 dividiert. Das ist an sich einfach und einleuchtend. Was daraus einen gleitenden Durchschnitt macht, ist das Fortschreiten dieses Prinzipes. Wenn du dir also einen MA20 von diesem Montag ansiehst, dann ist das der Durchschnitt der letzten 20 Tage von diesem einen Montag gerechnet. Der gleitende Durchschnitt des Folgetages tut das gleiche, aber von Dienstag ausgehend usw. Das heißt, jeden Tag ändert sich der Wert, weil der letzte Tag des 20er Wertes vom Vorhertag herausflog und durch den neuen Tag ersetzt wird. So bewegt sich der gleitende Durchschnitt über alle Tage, immer den Durchschnitt der letzten Tage von dem aktuellen Tag ausgehend.

Der gleitende Durchschnitt zeigt dir also nicht den tatsächlichen aktuellen Wert, sondern den Wert des Durchschnittes der vorangegangenen Tage. Mit jedem weiteren Tag fliegt der älteste Tag heraus und kommt der neueste Tag hinein. Das erlaubt es dir, einen Trend zu erkennen.

Während der Tageswert einer Aktie erheblich schwankt, bleibt der gleitende Durchschnitt recht stabil, wenn sie dabei immer um die gleichen Werte auf und ab geht. Schwanken die Tageswerte jedoch erheblich, doch nehmen sie insgesamt über die Zeit hinweg zu, dann steigt der gleitende Durchschnitt sanft an. Schwanken die Tageswerte und die Aktie sinkt langsam insgesamt in ihrem Wert, dann bewegt sich der gleitende Durchschnitt sanft nach unten. Die schwankenden Tageswerte machen es dir schwer, die generelle Tendenz zu erkennen. Der gleitende Durchschnitt macht sie sichtbar.

Der Trendkanal

Ein Trendkanal dient wie der gleitende Durchschnitt dazu, einen Trend abzulesen und damit eine Vorhersage für die Zukunft zu treffen. Der gleitende Durchschnitt zeigt jedoch nur den Mittelwert der Aktie, der steigt, sinkt oder gleichbleibt. Der Trendkanal zeigt dir, wie hoch die Ausschläge der Aktie um einen Mittelwert herum sind.

Einen Trendkanal legst du selbst fest. Du nutzt ihn nicht allein, sondern du verwendest dafür immer auch den gleitenden Durchschnitt. Dieser zeigt dir den generellen Trend, zum Beispiel ein ständiges, langsames Ansteigen oder Abfallen des Kurses.

Der Trendkanal besteht aus zwei Teilen, der Ober- und der Unterkante. Für die Oberkante suchst du dir zwei Höchststände der Aktie. Verbinde diese und dann verlängere die Linie in die Zukunft. Wiederhole das gleiche mit zwei Tiefstständen. Was du erhältst ist ein Kanal, in welchem sich die zukünftigen Ausschläge der Aktie sehr wahrscheinlich bewegen werden. Idealerweise sollte der gleitende Durchschnitt ungefähr in der Mitte dieses Kanals liegen.

Das Trading

Du verdienst Geld mit den Aktien, indem du sie tradest. Dabei gibt es drei prinzipiell unterschiedliche Wege, auf denen das geschehen kann. Das erste ist das langfristige Trading. Dabei steckst du dein Geld in Aktien, Fonds oder ETFs. Dann behältst du deine Position und irgendwann, wahrscheinlich in vielen Jahren, stößt du sie wieder ab. Dein Gewinn machst du am Ende über den stetigen Anstieg und die Dividenden. Das mittelfristige und das kurzfristige Trading dagegen setzen beide auf den Kauf und Verkauf. Der Gewinn wird hier durch den Preisunterschied zwischen beidem erwirtschaftet.

Das langfristige Trading

Das langfristige Trading lässt sich selbst noch einmal in drei verschiedene Arten unterteilen. Da sind die Vermögensabsicherung, die Anlage und der Einstieg in das mittel- und kurzfristige Trading.

Die Vermögensabsicherung

Als Vermögensabsicherung geht es ultimativ nicht so sehr darum einen Gewinn zu machen, sondern nur darum, einen Verlust zu vermeiden. Wir alle wissen inzwischen, dass die Zinspolitik der Regierung so langsam unsere Vermögen auffrisst. Das hängt damit zusammen, dass die Inflation die Sparzinsen überholt hat. Wer also sein Geld auf ein Festgeldkonto anlegt, wird dabei arm. Während du zwar ein paar Zinsen erhältst, frisst die höhere Inflation deine Kaufkraft einfach auf. Du hast zwar noch die gleiche bzw. eine etwas größere Summe Geld, doch damit kannst du dir weniger kaufen als zuvor.

Steckst du dein Geld in Aktien, die relativ risikolos sind, wirst du damit nur einen kleinen Profit machen. Dieser Profit ist jedoch hoch genug, um die Inflation auszugleichen und liegt vielleicht noch ein oder zwei Prozentpunkte darüber. Das heißt, du sicherst den Vermögen dagegen ab, es zu verlieren. Du steckst es nicht in Sparkonten mit niedrigen Zinsen, sondern in sichere Aktien mit niedrigen Renditen. Damit ist das Verlustrisiko gering und die Kaufkraft deines Geldes bleibt erhalten.

Als Vermögensabsicherung kommt es nicht darauf an, dass du dich so richtig auf dem Markt auskennst. Du musst vielmehr das Unternehmen kennen, welches du dir aussuchst und sichergehen, dass es weder große Verluste erlitten hat noch sie so schnell erleiden wird. Hier eignen sich auch ETFs sehr gut.

Die Anlage

Als Anlage ist es schon wichtiger, dass du einen Gewinn mit deiner Investition erwirtschaftest. Du musst dir also schon mehr Gedanken machen und dich auf dem Markt besser auskennen. Du musst die Kurse der Unternehmen kennen und sie im Auge behalten. Das gilt insbesondere für das Unternehmen, in das du investieren möchtest und dessen unmittelbare Konkurrenz.

Um einen Profit zu machen, musst du darauf achten, dass die Renditen höher sind. Das bedingt dann auch, ein etwas höheres Risiko einzugehen. Dagegen aber arbeitest du an, indem du den Markt im Auge behältst.

Sehr gut eignen sich hier Unternehmen, die andere, größere Unternehmen beliefern. Dann kannst du die Schwierigkeiten bei dem anderen Unternehmen zuerst sehen, bevor sie das Unternehmen erreichen, in dessen Aktien du investierst.

Im Gegensatz zur Vermögensabsicherung steht also nicht die Sicherheit, sondern der Profit im Vordergrund. Dabei ist das Risiko noch immer im grünen Bereich, doch dafür musst du dich mit dem Markt auskennen, um im Notfall sofort aus deiner Aktie aussteigen zu können.

Der Einstieg in das mittel- bzw. kurzfristige Trading

Wer richtig Geld machen will, wird um das Daytrading, das kurzfristige Trading, nicht herumkommen. Das Daytrading verlangt jedoch eine Menge Nerven, Selbstbeherrschung, Erfahrung, Marktkenntnis und Kenntnis der Mechanismen, mit denen du Aufträge am Markt aufgibst. All das kannst du nach und nach entwickeln. Das Beste ist dabei, zuerst einmal mit dem langfristigen Trading zu beginnen.

Mit dem langfristigen Trading sammelst du deine ersten Erfahrungen bei der Einschätzung der realen Lage eines Unternehmens und dessen Darstellung in den Aktienkursen. Du lernst den Markt selbst kennen und wie du dabei deine Aufträge aufgibst und wie diese dann umgesetzt werden. Das ist ein wichtiger Anfang.

Mit der steigenden Marktkenntnis steigt auch deine Ruhe, selbst wenn es einmal zu ungemütlichen Zeiten kommt. Noch viel wichtiger ist, dass du lernst, mit welchen Risiken du umgehen kannst und was du dir selbst zutraust. Du lernst dich selbst im Umgang mit deinem Geld, Verlusten, Gewinnen und Risiken kennen.

Hast du das langfristige Trading schon für eine Weile betrieben, dann verringerst du einfach die Zeit, die du die Aktien hältst. Aus Jahren werden Monate und Wochen. Das ist dann das mittelfristige Trading. Sobald du dich damit mehr auskennst, verkürzt du die Zeiträume immer mehr. Am Ende erreichst du dann die Königsdisziplin, das Daytrading.

Das mittelfristige Trading

Das mittelfristige Trading ist der Mittelweg zwischen dem langfristigen und dem kurzfristigen Trading. Hier hast du die Gelegenheit, schnelle Marktveränderungen kennenzulernen und herauszufinden, wie du am besten auf sie reagierst.

Beim mittelfristigen Trading triffst du Entscheidungen schneller. Du kaufst eine Aktie und verkaufst sie nach einigen

Wochen wieder. Diese Entscheidungen sind schneller als beim langfristigen Trading. Du betreibst kein langes Studium des Unternehmens mehr. Du schaust nur noch auf die Kurse, denn du kannst dort die Marktlage abschätzen. Das hast du beim langfristigen Trading gelernt.

Die Entscheidungen beim mittelfristigen Trading sind zugleich aber nicht so schnell, dass sie dich überfordern. Du kannst noch nachdenken, auch mal etwas überschlafen und dann entsprechend reagieren. Halte dich damit aber nicht zu lange auf.

Das mittelfristige Trading sollte mehr als Übergang zwischen dem Lang- und dem kurzfristigen Trading dienen. Es vereint praktisch die Nachteiler der beiden anderen, ohne dir zugleich deren Vorteile zu bringen. Es ist daher eigentlich nur eine Lernphase und sollte nicht unbedingt dauerhaft betrieben werden.

Der erste Nachteil, den es dir beschert, ist die Gefahr eines Kursverlustes. Beim langfristigen Trading ist die Gefahr dafür geringer, weil du ihn einfach aussitzt und dann wieder verkaufst, nachdem sich die Aktie erholt hat. Beim kurzfristigen Trading ziehst du dein Geld so schnell wieder ab, dass du damit anderweitig einen Profit erwirtschaften kannst. Beim mittelfristigen Trading hast du die Qual der Wahl. Du kannst entweder abwarten und so zum langfristigen Trading wechseln, was dein Geld lange bindet oder du kannst die Kursverluste hinnehmen, die höher als beim kurzfristigen Trading sind. Umgedreht hast du nicht wie beim kurzfristigen Trading die Chance, jeden Tag einen kleinen Profit zu machen, der sich über das Jahr hinweg gerechnet erheblich steigert.

Das kurzfristige Trading

Das kurzfristige Trading, auch Daytrading genannt, ist das Trading, bei dem du den größten Gewinn machst. Das liegt ganz einfach daran, dass ein Gewinn von 1% pro Tag in einem Jahr sehr viel mehr als 365% ist. Das ist deine Ausgangslage und beschreibt deine Aussichten ziemlich deutlich. Darum versuchen sich auch viele am Daytrading. Viele von ihnen scheitern jedoch daran und es ist meistens nur deren eigene Schuld.

Das größte Risiko beim Daytrading bist du selbst. Entscheide nicht mit deinem Bauch. Versuche nicht, irgendwelche bahnbrechende neue Wege zu entwickeln. Bleibe bei dem, was sich bewährt hat. Gehe dabei mit Logik vor und deine Chancen stehen sehr gut.

Das Daytrading kauft eine Aktie und verkauft sie sehr schnell wieder. Dabei werden die Verluste ebenso bewusst hingenommen, wie die Gewinne. Ja richtig, du wirst Verluste machen und du wirst diese hinnehmen. Das Ziel ist nicht, Verluste auszuschließen. Das Ziel ist es, mehr Gewinne als Verluste einzufahren. Darauf kommt es an. Es ist OK, 20-mal zu verlieren, wenn du zugleich 21-mal gewinnst.

Wenn du es schaffst, mit Logik ans Werk zu gehen, dann ist das Risiko im Daytrading tatsächlich kleiner als bei allen anderen Tradings. Da du die Aktien nur kurze Zeit hältst, ist die statistische Chance, dabei einen großen Verlust einzustecken, relativ gering. Selbst bei einem Crash bist du immer wieder so schnell aus der Aktie raus, dass dich die Abwärtsspirale, die die echten Kursverluste bringt, nicht mehr erreicht.

Gleichzeitig ist das Daytrading sehr, sehr anspruchsvoll. Du triffst Entscheidungen in Sekunden. Du musst die Charts verstehen, analysieren, die Trends ablesen und daraufhin richtig reagieren. Das ist, mit ein wenig Erfahrung, im Grunde genommen sehr einfach. Schnell wirst du dabei jedoch gierig oder ängstlich und genau dann geht alles schief. Es kommt also sehr stark auf deine Selbstkontrolle an.

Aktien als Anlage

Auf dem Aktienmarkt kannst du dein Geld auf verschiedenen Wegen investieren. Da gibt es Aktien, Fonds und ETFs. Dazu kommen die Arten, wie du das Geld verwendest. Kaufst du eine Aktie als Wertpapier und hältst sie lange? Kaufst du sie und verkaufst du sie nach ein paar Monaten wieder, um einen Kursgewinn mitzunehmen? Kaufst du sie heute und verkaufst du sie morgen um einen kleinen Gewinn, diesen aber täglich wieder, zu erhalten? Je nach Weg gibt es Dinge, die du beachten musst. Beginnen wir mit der Aktie als Anlage. Worauf kommt es dabei an? Hier ist deine Checkliste:

- Machen die Produkte des Unternehmens Sinn
- Ist das Unternehmen weltweit bekannt
- Zahlt das Unternehmen regelmäßig Dividenden aus
- Steigt der Cash Flow von Jahr zu Jahr
- Schwankt die Aktie
- Überzeugt der Vorstand des Unternehmens
- Wie sieht die Aktie im Vergleich innerhalb der Branche aus

Investiere in Aktien, bei denen die Produkte des Unternehmens Sinn machen

Aktien zu kaufen, heißt, ein Risiko einzugehen. Du musst verstehen, welches Unternehmen hinter der Aktie steht und einschätzen, ob dieses Unternehmen sich erfolgreich am Markt behaupten und dort noch wachsen kann, oder nicht. Das heißt, du musst erkennen, ob das Unternehmen Erfolg hat. Wenn ja, dann geht die Aktie nach oben und du machst einen Gewinn. Wenn nicht, dann wird die Aktie an Wert verlieren und du machst einen Verlust.

Das Wichtigste für dich ist das Produkt, das das Unternehmen auf den Markt bringt. Hat dieses Produkt Konkurrenz? Ist es besser als die Konkurrenz? Was ist sein Wettbewerbsvorteil und reagieren die Verbraucher positiv darauf? Kann das Unternehmen sein Produkt ausreichend verkaufen, dann ist es erfolgreich. Vermag es das nicht, dann wird es sich kaum am Markt halten können. Du musst also, um das Unternehmen einzuschätzen, die Produkte kennen und ihre Erfolgsaussichten abschätzen können.

Halte dich an weltweit bekannte Unternehmen

Unternehmen, die weltweit bekannt sind, wurden nicht bekannt, weil sie nicht erfolgreich waren. Das heißt, sie haben bereits bewiesen, dass sie ein gutes Konzept haben und sie werden wahrscheinlich weiter erfolgreich sein. Das Risiko ist hier also geringer.

Bekannte Unternehmen haben den Vorteil, dass sie Preise diktieren können und mit ihrem Markennamen immer Absatz finden. Finde also eine Branche oder einen Markt, der für dich interessant ist. Wenn du dich nämlich schon von Haus aus dafür interessierst, wird es einfacher für dich, die Aktien der dort aktiven Unternehmen einzuschätzen.

Achte bei dem Unternehmen darauf, wie es sein Geld verdient. Verkauft es direkt an Verbraucher, dann unterliegt der Markt teils erheblichen Schwankungen. Verkauft es an andere Unternehmen, dann treten die Schwankungen immer erst dann auf, nachdem der Verbrauchermarkt bereits erste Warnsignale gesendet hat. Dann kannst du eventuell bedenkliche Entwicklungen eher erkennen.

Was sind die Pläne des Unternehmens für die Zukunft? Will es expandieren? Hat es einen großen Profit, den es in den eigenen Betrieb investieren möchte? Will es sich vielleicht in neuen Nischen etablieren? Es ist besser für ein Unternehmen, bei dem zu bleiben, was es bewiesenermaßen kann. Das heißt, es sollte in sich selbst investieren und seine eigene Marktstellung ausbauen. Das ist sicher. Auf der anderen Seite ist es riskanter und zugleich einträglicher, wenn sich das Unternehmen an neuen Produkten versucht. Ist es erfolgreicher, bekommst du einiges an Aktiengewinnen mit. Dafür aber trägst du das Risiko, dass im Fall eines Fehlschlages die Aktie entsprechend absinkt, denn es wurde viel Geld in Nichts investiert.

Wer sind die Kunden des Unternehmens? Verkauft das Unternehmen an Verbraucher, wie zum Beispiel Reisende, dann wirst du im Moment damit wohl Schiffbruch erleiden, denn das Coronavirus steht allen Reisen im Weg. Verkauft das

Unternehmen an kleine Unternehmen oder an große Gesellschaften? Verkauft es vielleicht an Staaten? Wichtig ist, zu erkennen, wie sicher und wie finanzkräftig ist die Kundschaft. Davon hängt der Erfolg am meisten ab.

Wer sind die Konkurrenten und welche Machtstellung haben sie am Markt? Hier ist die Frage, ob das Unternehmen sich durchsetzen und seinen Marktanteil ausbauen kann oder ob die Konkurrenz wächst und dem Unternehmen Marktanteile abspenstig macht.

Gibt es Marktbarrieren für das Unternehmen? Nicht alle Produkte dürfen einfach so verkauft werden. Viele Produkte, zum Beispiel Medizin, müssen geprüft und genehmigt werden. Hat das Unternehmen alle Barrieren überwunden und kann es seine Produkte verkaufen?

Ist das Unternehmen nur einem Land oder einer Region unterwegs oder weltweit aktiv? Je größter der Markt für das Unternehmen, desto größter sind die Chancen, das Produkt erfolgreich abzusetzen. Hier ist auch die Branche selbst von Bedeutung. Wenn die Branche selbst wächst, dann kann auch das Unternehmen, dessen Aktien du erwerben willst, mitwachsen.

Achte auf die Dividenden

Die Dividenden sind die Gewinnausschüttungen des Unternehmens, dessen Aktien du besitzt. Sie werden zumeist einmal pro Jahr oder einmal pro Quartal ausgezahlt. Du kannst in ihnen eine Rendite im Sinne von Zinszahlungen verstehen. Sie sind nicht unbedingt die höchsten Summen, doch sie stellen ein Einkommen dar und bestehen aus deiner Beteiligung am Gewinn des Unternehmens.

In Zeiten von Krisen werden Dividenden entweder gekürzt oder ganz gestrichen. Sie sind also ein Indiz dafür, wie gut es einem Unternehmen geht. Achte daher auf hohe Renditen, denn sie sind ein Hinweis darauf, dass sich das Unternehmen gut entwickelt und es ihm auch morgen noch gutgehen wird. Für dich selbst wiederum sind hohe Dividenden einfach mehr Einkommen, auf das es auch ankommt.

Neben den aktuellen Dividenden solltest du auch überprüfen, wie die Zahlungen der vorangegangenen Jahre waren. Stabile Unternehmen zahlen regelmäßig in einer guten Höhe aus. Darauf kommt es an, wenn du dein Geld länger in eine Aktie investieren möchtest.

Achte auf den Cash Flow

Der Cash Flow eines Unternehmens ist das Geld, das ihm innerhalb eines bestimmten Zeitraumes zufließt. Die Informationen darüber findest du im Jahresabschluss-berichtes des Unternehmens. Je größer der Cash Flow, desto stärker ist die Finanzkraft des Unternehmens und desto geringer ist seine Verschuldung. Achte nicht nur auf den Cash Flow eines Jahres, sondern auf den Trend. Steigt der Geldfluss von Jahr zu Jahr an, dann wächst das Unternehmen und seine Aktie wird mit ihm wachsen.

Achte auf die Schwankungen der Aktie

Aktien schwanken über einen bestimmten Zeitraum hinweg. Dabei unterliegen sie zum Beispiel jahreszeitlich bedingten Änderungen. Je größer diese Schwankung ausfällt, desto größer ist das Risiko, mit der Aktie einen Schiffbruch zu erleiden.

Ist die Breite der Schwankungen geringer, ist auch das Risiko für einen Absturz der Aktie geringer. Das heißt jedoch nicht, dass es kein Risiko gibt. Es kommt auch dabei darauf an, was die Schwankung ausgelöst hat. Sind es Erschütterungen am Finanzmarkt oder politische Ereignisse, dann wird die Aktie sich schnell wieder erholen. Liegen jedoch keine externen Auslöser vor, dann ist mit Vorsicht vorzugehen.

Achte auf den Vorstand des Unternehmens

Der Vorstand eines Unternehmens ist in vielerlei Hinsicht wichtig. Als erstes bestimmt er über die Firmenpolitik und damit auch über den Erfolg oder Misserfolg des Unternehmens. Als zweites flößt ein guter Vorstand den Aktionären Vertrauen ein, was für einen starken Kurs der Aktien sorgt. Drittens kann ein guter Vorstand das Unternehmen zu einem Vorreiter ausbauen.

Schau dir an, wer der CEO ist. Schau auf das Unternehmen und ob es dort Innovationen und ein stetiges Wachstum gibt. Schau auf Skandale, in die das Unternehmen oder der Vorstand involviert war. Achte auf Rückschläge in der Vergangenheit und das Image der Firma.

Verschaff dir einen Überblick

Such dir die Aktien, die du unter all diesen Gesichtspunkten, die du hier gelesen hast, überprüfen möchtest, nicht aufs Geratewohl aus. Such dir verschiedene Unternehmen, die in der gleichen Branche aktiv und vielleicht sogar Konkurrenten sind. Dann lernst du die Branche mit ihren Eigenheiten kennen und kannst die einzelnen Unternehmen besser vergleichen. Das geht nicht, wenn du dir Aktien von Unternehmen aussuchst, die komplett unterschiedlichen Branchen angehören.

Die Investition in Fonds

In einen Fonds zu investieren, erscheint als eine gute Idee. Es gibt einen Fondsmanager, der sein Handwerk versteht und du musst ihm nur dein Geld geben, damit er damit einen Gewinn erwirtschaftet. So einfach ist das Ganze jedoch nicht. Nicht jeder Fondsmanager ist ehrlich oder kompetent. Du musst wissen, wie du gute Fonds von den weniger Guten unterscheidest. Auf diese Faktoren kommt es an:

- Sind die Gebühren niedrig
- Verspricht die Werbung nicht zu viel
- Wie sieht der Fonds im Vergleich mit anderen aus
- Entscheidest du wirklich rational und nicht mit Gefühl
- Ist der Fonds kein Trendfonds

Achten auf die Gebühren

Studien in den USA haben erwiesen, dass niedrige Kosten ein Indiz für einen Erfolg der Anlage sind. Fonds, die nur geringe Gebühren verlangen, werden besser gemanagt und können höhere Renditen als die Indizes für sich erlangen. Das ist es auch, worauf es ankommt. Ein klassischer Fond ist etwas riskanter als ein ETF; ein Indexfonds. Als solcher muss er einfach einen größeren Profit bringen.

In Deutschland ist diese Information noch nicht ganz angekommen. Hier wird zu oft zu wenig auf die Gebühren geachtet. In Amerika gibt es inzwischen sogar sogenannten No-Load-Funds. Das sind Fonds, die ganz ohne Gebühren auskommen.

Für dich sind die Gebühren aus zwei Gründen ganz besonders relevant. Der erste Grund ist, dass Manager, die nur geringe Gebühren erhalten, mehr motiviert sind, einen Gewinn zu erwirtschaften. Die Gebühren richten sich nach den Prozenten. Je mehr Gewinn der Fonds macht, desto mehr Gewinn macht auch der Manager und das selbst bei niedrigen Gebühren.

Der zweite Grund ist, dass deine Rendite durch die Gebühren geschmälert wird. Je geringer diese sind, desto höher ist deine Rendite. Es gilt nicht teuer ist gleich besser. Es gilt viel mehr, dass billig die bessere Wahl ist. Achte also unbedingt auf den Preis der Fonds und checke auch unbedingt das Kleingedruckte. Dort verstecken sich gern noch ein paar Kosten. Dabei darfst du nicht vergessen, dass selbst kleineste Prozenteinheiten sich über die Zeitdauer sehr groß auswirken können. Studiere also alle Angaben und Preise des Fonds sehr genau. Kalkuliere und Vergleiche und triff erst dann deine Entscheidung.

Traue nicht der Werbung

Jeder Fonds macht Werbung für sich. Du siehst bunte Anzeigen in der Finanzpresse und dort werden dir die großen Gewinne versprochen. So, wie du sonst keiner Werbung glaubst, so solltest du auch hier skeptisch sein.

Überprüfe den Fonds online. Check sein Finanzverhalten und seinen Erfolg. Es kommt mehr auf stabile Gewinne über einen langen Zeitraum an, nicht auf kurzfristige Hochs die dann schnell im Nichts enden.

Vergleiche mehrere Fonds

Schau dir nicht nur einen Fonds an. Überprüfe mehrere und achte darauf, wie sie sich im Hinblick auf Kosten, Renditen und Risiko unterscheiden. Schau vor allem, ob es ähnliche Fonds mit den gleichen Anlagezielen gibt und such dir den aus, der am besten in der Gesamtwertung abschneidet. Du kannst dabei deine eigene Wertung vornehmen oder aber offizielle Vergleiche mit deren Parameter verwenden.

Kaufe auf keinen Fall impulsiv

Kaufe niemals aus dem Bauch heraus. Viele Leute haben ständig den Drang, an ihrem Portfolio herumzudoktern. Dann kaufen sie Anteile an diesem und dann an jenem Fonds. Das ist jedoch nicht hilfreich. Bei der Investition in einen Fonds kommt es auf ein langfristiges Anlageziel an. Das wirst du nicht erreichen, wenn du ständig von einem Fonds zum nächsten springst. Triff deine Wahl und gib danach deinem Portfolio eine Chance, indem du es in Ruhe lässt. Lass dein Geld wachsen und schau ihm zu, ohne dabei einzugreifen.

Wer ständig versucht, das letzte Quäntchen an möglichem Profit herauszuschlagen, indem er ständig sein Portfolio finetuned, wird schnell feststellen, dass er damit nur die Kosten in die Höhe treibt. Das aber verringert immer gleich wieder die Rendite.

Vermeide trendige Produkte

Die Welt der Fonds ist eigentlich recht langweilig. Es gibt nur sehr selten etwas Neues. Die meisten Fonds sind maßgeschneidert und daran wird sich nichts mehr ändern. Renn also nicht irgendwelchen heißen, super modischen neuen Ideen hinterher. Diese sind nur riskant und haben nichts mit einem wohlüberlegten Plan zu tun.

Dein Portfolio kannst du mit dem Blick auf Profit oder mit dem Blick auf Risikominimierung aufbauen. Wenn du auf den Profit aus bist, dann scheinen diese neuen Fonds doch genau richtig, nicht wahr? Nein, denn wenn das Risiko zu hoch ist, fällt auch der Profit nicht mehr ins Gewicht. Daher solltest du dich lieber auf das Bewährte verlassen, als dich auf Neues zu stürzen und dabei eine Bruchlandung zu erleben.

Neue Trendfonds sind sehr oft nur Anleihefonds, die mit Gebühren im Kleingedruckten schnell viel Geld von den Anlegern machen. Sie sind überteuert und versuchen, dies zu verstecken und zugleich viele Investoren zu ködern. Fall nicht darauf herein.

Der Einstieg in ETFs

ETFs sind an sich eine sichere Sache. Sie bilden einen Index ab, sind daher leicht zu managen, haben nur geringe Gebühren und die meisten Indizes zeigen ohnehin nur nach oben. Das haben die Leute erkannt und investieren. Die Herausgeber der ETFs haben darauf reagiert und es erscheinen immer neue Indexfonds. Das aber bringt auch Probleme mit sich.

Im letzten Jahr sind mehr als 120 neue ETFs erschienen. Davon sind jedoch 80 bald wieder verschwunden. Du musst für dich erkennen, welche ETFs es schaffen und welche sich nicht lohnen. Dafür gibt es einige Punkte, die dir dabei helfen, die richtige Entscheidung zu treffen:

- Liegt der Anteil der Top 10 Aktien bei unter 40%
- Verfügt der ETF über mindestens 50 Positionen
- Beträgt das Volumen mindestens 100 Millionen Euro
- Sind die Gebühren und Kosten niedrig
- Sind die Aktien über genügend Staaten gestreut
- Keine doppelten Aktien

- Keine freche Mogelpackung

Achte auf den Anteil der Top 10 Aktien

Ein ETF sollte mit einem Blick auf die Größe des Fonds ausgewählt werden. Dabei kommt es aber darauf an, wie sich das Volumen des ETFs verteilt. Machen die Top 10 Aktien dabei mehr als 40% des Anteils aus, dann ist der Fonds nicht ausgewogen.

Nun kannst du natürlich sagen, dass die Top 10 eben die Top 10 sind es zumeist darauf ankommt. Damit liegst du auch nicht unbedingt falsch. Wenn du jedoch so denkst, dann solltest du lieber die Aktien direkt kaufen. Dann sparst du dir die Fondsgebühren, die, auch wenn sie niedrig sind, deine Rendite drücken. Ein Fonds ist ein Fonds, wenn er das Geld über viele Aktien streut. Das aber geschieht nicht, wenn die Top 10 so übermäßig vorhanden sind.

Achte auf die Anzahl der Positionen

Schau dir auf jeden Fall auch an, wie viele Positionen der Fonds hat. Auch hier wieder geht es darum, dass es bei einem Fonds darum geht, die Aktien zu streuen. Wenn es also nur 30 Positionen gibt, also 30 verschiedene Aktien, dann lohnt es sich nicht, in diesen ETF einzusteigen. Dann bist du viel besser beraten, dir die Aktien einfach selbst zu kaufen. Das Minimum für einen Fonds liegt bei 50 Positionen.

Neben der Menge der Aktien geht es auch um die Gewichtung. Hat ein Fonds zum Beispiel 100 Positionen, dann sollte darin jede mit 1% gewichtet sein. Natürlich kommt es nicht genau auf den Prozentpunkt an, doch es kann nicht sein, dass drei Aktien zusammengenommen 20% des Volumens ausmachen. Dann kannst du wieder damit anfangen, die Aktien direkt selbst zu kaufen.

Achte auf das Volumen des Fonds

Fonds müssen ein bestimmtes Volumen besitzen, um den Aktienbesitz ausreichend zu streuen und dabei noch immer genügend Aktien von einem Unternehmen zu kaufen. Ein gutes Volumen beginnt bei 100 Millionen Euro. Erst ab dieser Menge ist es möglich, den Fonds auch tatsächlich wirtschaftlich zu betreiben.

Es gibt auch kleinere ETFs, die nur 20 bis 40 Millionen Euro enthalten. Diese haben es jedoch schwer am Markt und der Herausgeber des Fonds macht gewöhnlich einen Verlust. Daher kann es leicht passieren, dass sie geschlossen werden.

Achte auf die Kosten des Fonds

Jeder Fonds zeigt seine Gebühren. Das sind aber nicht alle Kosten. Diese kannst du dir als Tracking Difference, TD, anzeigen lassen. Dafür gibt es Seiten, die den Profit des Fonds sowohl theoretisch als auch praktisch verfolgen und vergleichen. Theoretisch heißt, hier wird gerechnet, wie viel du ohne jegliche Gebühren erhalten würdest. Praktisch heißt, was du ausgezahlt bekommst. Die Differenz, das sind die echten Kosten, die oftmals mehr als das Doppelte der offiziellen Gebühren ausmachen können.

Die TD sind die echten Kosten, die deine Rendite verringern. Mogelpackungen erkennst du schnell, wenn die TD sehr hoch bzw. weit höher als die offiziellen Gebühren sind. Ein Vergleich auf einschlägigen Seiten genügt. Dann siehst du auf einen Blick, womit du es wirklich zu tun hast.

Achte auf die enthaltenen Länder

ETFs eignen sich sehr gut auch zum weltweiten Handeln. Das streut das Risiko und hält es gering. Leider gibt es auch hier Mogelpackungen. So gibt es ETFs, die angeblich weltweit Aktien kaufen. Wenn du dir dann aber genau ansiehst, wo die Aktien herkommen, sind zum Beispiel mehr als die Hälfte aus den USA. In anderen ETFs sind nur Aktien aus Industrie- und nicht aus Schwellenländern enthalten. Dann kannst du auch ruhig in ETFs gehen, die offen nur diese Länder in ihrem Portfolio haben.

Achte auf doppelte Aktien

Willst du richtig in ETFs einsteigen, dann möchtest du wahrscheinlich auch in mehrere davon zugleich investieren. Das ist an sich kein Problem. Du musst jedoch aufpassen, denn viele ETFs enthalten Aktien, die auch in anderen Fonds enthalten sind. Das heißt, du kannst schnell in mehreren ETFs einsteigen, die dann fast immer nur die gleichen Aktien im Portfolio haben.

Achte auf freche Mogelpackungen

ETFs versuchen auf sehr unterschiedlichen Wegen, Anleger zu finden. Einige gehen dabei sehr dreist vor. So versprechen sie, nur in Unternehmen zu investieren, die auf Nachhaltigkeit bedacht sind. Dann aber enthalten sie auch Aktien von Unternehmen, die heftig aufgrund ihrer Umweltverschmutzung kritisiert werden.

Noch frecher geht es manchmal mit dem Namen zu. Da tauchen ETF ... 600 ... und ähnliche Namen auf. Das suggeriert dann, dass hier 600 Positionen vorhanden sind. Überprüfe das, denn es kann gut passieren, dass du nur 20 wirklich findest.

Vertraue also nicht dem, wonach es auszusehen scheint. Sei immer skeptisch und überprüfe den Fonds lieber einmal zu viel als einmal zu wenig. Nur wenn du richtig sichergehst, ist dein Geld bei deiner Investition auch sicher aufgehoben.

Die Regeln für das erfolgreiche Daytrading

Das mittelfristige Trading ist eine Mischung aus der Chartanalyse des Daytradings und den Regeln der Anlage. Du nutzt also das Handwerkszeug der Anlage, die schon besprochen wurde, und der Chartanalyse, die du in den folgenden Kapiteln kennenlernen wirst. Damit kannst du dich langsam von dem langfristigen Trading über das mittelfristige Trading bis hin zum Daytrading vorarbeiten.

Das Grundsätzliche

Das Daytrading ist sehr anstrengend. Du musst sehr schnell viele Daten in dir aufnehmen. Das muss dir zu einer zweiten Natur werden, damit dir das nicht schwerfällt. Daraufhin musst du schnelle Entscheidungen treffen, die dir mal eben tausende von Euros bringen oder aber auch kosten können. Das bedeutet Stress, Emotionen und vor allem Angst. Lerne die Regeln, vergiss sie niemals und lass dich nicht von deinen Gefühlen mitreißen, dann hast du gute Chancen auf den Erfolg.

Sei bereit, zu verlieren

Leider sind wir Menschen psychologisch darauf getrimmt, Verluste zu vermeiden. Das geht soweit, dass wir lieber Strategien anwenden, die unsere Verluste minimieren, als Strategien, die unsere Gewinne maximieren. Du glaubst wahrscheinlich im Moment, dass das bei dir nicht der Fall ist. Sobald aber bei dir 10.000 Euro oder mehr in Gefahr sind, wirst du merken, wie schnell das auch auf dich zutrifft und wie schnell du dann genau die falschen Entscheidungen triffst.

Du musst verstehen, dass es nicht darauf ankommt, nur zu gewinnen. Du wirst dir eine Strategie zurechtlegen. Es gibt dafür gute Beispiele in den folgenden Kapiteln. Diese Strategien werden es dir erlauben, gute Gewinne einzufahren, doch sie werden dich auch oft genug in die falsche Richtung treiben. Das ist kein Problem. Es geht nicht darum, immer richtig zu liegen, sondern mehr Geld zu verdienen, als du verlierst.

Sei bereit, Verluste zu akzeptieren. Sei bereit, Aktien mit einem Verlust zu verkaufen. Du musst dein Geld zu deiner Verfügung haben. Nimm den Verlust hin und investiere das Geld von neuem. Dann kannst du noch immer einen Profit machen. Klammere dich nicht in sinkende Aktien, denn dann werden deine Verluste nur größer, während du zugleich kein Geld hast, um anderweitig Gewinne zu machen.

Deine Arbeit

Am Anfang hast du nur wenig Erfahrung. Sei dir klar, dass es auf Erfahrung ankommt. Investiere am Anfang nur kleine Summen, damit du diese Erfahrungen machen kannst, ohne dich dabei finanziell zu ruinieren.

Erwarte nicht, dass du schnell leichte Gewinne einfahren wirst. Das Daytrading ist schwere Arbeit. Vergleiche das einmal mit einem Job. Du gehst jeden Tag ins Büro. Du weißt, wie viel Geld du am Ende des Monats erhalten wirst. Du gehst kein Risiko ein. Selbst wenn das Unternehmen pleitegeht, ist das nicht dein Risiko. Du verlierst kein Geld dabei. Du verlierst deinen Job, doch du hast einen guten Lebenslauf und du wirst wieder einen Job finden. Du hast keinen Druck.

Als Daytrader steckt dein Geld im Aktienmarkt. Du hast jeden Tag das Risiko, dieses Geld zu verlieren. Du weißt nicht, wann du wie viel Geld auf deinem Konto haben wirst. Du hast keine Ahnung, wie es weitergeht, solltest du alles Geld verlieren. Das schafft eine Situation, bei der du unheimlich nervös bist und das ist sehr gefährlich, wenn sich die Dinge anders als erwartet entwickeln. Dann bist du in Gefahr, falsche Entscheidungen zu treffen, weil du unter diesem Druck ganz einfach emotional reagieren wirst.

Investiere nur Geld, dessen Verlust du dir leisten kannst

Das Daytrading ist riskant. Du musst immer damit rechnen, dass du Verluste machst. Verwende dafür also nicht das Geld, das du für deine Miete oder für deine Stromrechnung brauchst.

Gerade am Anfang wirst du mehr Verluste als Gewinn machen. Das ist das Lehrgeld, das du zahlen musst. Du brauchst Erfahrung und einen Einblick in den Markt. Du wirst also dein Geld nicht wiedersehen. Sei darauf vorbereitet und setze nur das ein, was du nicht brauchst.

Wenn du diesen Rat beherzigt, wirst du auch leichter lernen. Da du dir die Verluste leisten kannst, wirst du weniger emotional reagieren. Du bleibst ruhiger und kannst dann mit deinem Verstand arbeiten. Dann kannst du auch in schwierigen Situationen die Kontrolle behalten. Erwarte das aber nicht sofort am Anfang. Deine ersten Trades wirst du wahrscheinlich, wie bei jedem, der anfängt, ordentlich verhauen. Danach wirst du jedoch klüger sein und es beim nächsten Mal besser machen.

Die richtigen Aktien

Du wirst in den nächsten Kapiteln mehrere Strategien für das Daytrading kennenlernen. Diese beschreiben jeweils eine Ausgangslage. Suche nach Aktien, die diese Lage vollständig erfüllen. Das minimiert dein Risiko. Trade lieber nicht, als es mit einer Aktie zu versuchen, deren Kursverlauf die Voraussetzungen nicht erfüllt. Das Risiko ist für dich als Einsteiger einfach zu groß.

Trade selten

Am Anfang solltest du nur selten Traden. Dann hast du Zeit, die richtigen Aktien zu finden. Du lernst, wie du nach Aktien suchst und die richtigen Aktien erkennst. Du tastest dich also langsam an den Markt an. Du kannst die Entwicklung im Auge behalten und du triffst dann nur wenige Entscheidungen zur gleichen Zeit. So behältst du die Kontrolle über das Ganze und kannst entsprechend reagieren. Stürze dich nicht auf vermeintlich gute Gelegenheiten und folge einfach den Anleitungen hier.

Einzelne Trades erlauben es dir, dich auf jeweils einen zu konzentrieren. Das unterstützt deine Selbstkontrolle und es erlaubt dir auch, nachdem der Trade ausgeführt ist, zu analysieren, was du richtig und was du falsch gemacht hast. Vergiss nicht, es geht am Anfang nur darum, die nötige Erfahrung und das nötige Wissen zu bekommen. Es geht noch nicht darum, richtig Geld zu verdienen. Das startet dann, wenn du gelernt hast, öfters zu gewinnen, als zu verlieren.

Die schnellen Trades

Es gibt unterschiedliche Setups für die Trades. Einige davon gehen sehr schnell vor, andere geben dir mehr Zeit. Druck ist jedoch der beste Weg, dass deine Emotionen die Kontrolle übernehmen. Fang also mit den langsameren Trades an. Das heißt, vermeide vor allem die 15-Minuten-Trades am Anfang, die auch Scalping genannt werden.

Die Charts

Die Charts müssen richtig eingestellt werden. Du musst zugleich aktuelle Entwicklungen und Trends sehen können. Zeige dir also bis zu vier Charts für die gleiche Aktie zur gleichen Zeit an. Dann kannst du den Jahres-, den Monats-, den Wochen- und den Tageszeitraum zur gleichen Zeit ablesen. Du kannst sogar bis herunter zu den Sekundencharts gehen.

Mit der Masse arbeiten

Das Daytrading und deren Setups geben dir eine Menge Möglichkeiten. Das heißt aber auch, dass es viel Auswahl für dich gibt. Du wirst eine Menge Aktien finden, mit denen sich die Setups anwenden lassen. Das ist gut und schlecht zugleich.

Die Auswahl ist gut, denn wenn du mit Bedacht vorgehst, kannst du nun genau die Aktie herauspicken, auf die die beschriebenen Voraussetzungen am meisten passen. Dann hast du die größten Chancen für einen Erfolg und kannst dich entspannt zurücklehnen.

Der Nachteil ist, dass du dich bei der großen Auswahl unter Druck gesetzt fühlst. Dann willst du alle Trades mitnehmen und damit übernimmst du dich schnell. Konzentriere dich als Anfänger auf einen Trade und selbst als Profi auf nur eine kleine überschaubare Anzahl. Damit machst du nichts falsch und kannst noch immer alles unter Kontrolle haben.

Vor deinen ersten Daytrades

Sobald du in den nächsten Kapiteln die Trade Setups durchliest, wirst du sofort damit beginnen wollen. Dagegen spricht jedoch einiges. Du brauchst Erfahrung, steig also langsam mit dem Langzeittrading ein. Du brauchst einen Überblick. Mach dich also mit allem zuerst einmal vertraut. Du brauchst Vertrauen in dich selbst. Übe also erst einmal. Dann, wenn das alles geschafft ist, gibt es noch ein paar kleine Schritte, die du durchführen musst, bevor du tatsächlich mit dem Daytrading beginnst.

Bereite dich mental vor

Such dir eine der Strategien bzw. Setups aus, die dir am meisten zusagt. Verinnerlich diese und spiele sie in deinem Geist mehrmals durch. Schau dir ruhig einige Charts an und stell dir vor, wie du das entsprechende Setup bei den angezeigten Kursen anwendest.

Finde deine Aktie

Hast du dein Setup verinnerlicht, dann finde eine Aktie, die darauf passt. Nimm nicht die erstbeste Aktie, die du findest. Vergleich ruhig mehrere Kandidaten. Schau sie dir in den Charts über unterschiedliche Zeiträume hinweg an und finde heraus, welche davon am sichersten aussieht.

Während du dir die längeren Zeiträume ansiehst, vergiss nicht, dass es beim Daytrading auf die kürzeren Zeiträume ankommt. Erkenne Trends, aber entscheide nach diesen und nach den Bewegungen der Kurse der letzten 7 Tage. Damit wirst du in Zukunft am meisten arbeiten.

Überprüfe deinen Favoriten

Hast du einen Favoriten gefunden, dann wird es spätestens jetzt Zeit, auf die Kerzencharts umzuschalten. Jetzt geht es darum, sicherzugehen. Das geschieht, indem du versuchst, all das zu finden, was gegen diese Aktie spricht. Gibt es dabei auch nur einen Grund, dann lass die Finger davon.

Die Aktie in der Konsolidierungszone

Gegen eine Aktie können gleich mehrere Gründe sprechen. Das beginnt damit, dass sie in einer Konsolidierungszone steckt. Das heißt, die Aktie hat einen Trend in der Vergangenheit gezeigt, der nicht mehr der Realität entspricht. Der Kurs wird nun angepasst. Das lässt sich daran ablesen, dass die Aktie gerade wilde und unvorhersehbare Kursausschläge zeigt. Das ist das Alarmzeichen für dich, von dieser Aktie die Finger zu lassen.

Die Signalkerze

Ein weiteres Alarmzeichen ist die sogenannte Signalkerze. Um diese zu sehen, musst du nur auf die Farben der Kerzen im Kerzenchart schauen. Wenn diese anfangen, gegen den Trend zu arbeiten, dann lass die Finger davon. Dies lässt sich ganz einfach sehen.

Nehmen wir eine Aktie, die immer fleißig gestiegen ist. Das ist eine perfekte Ausgangslage. Alle Kerzen dieser Aktie sind grün, denn die Schlusskurse liegen alle über den Eröffnungskursen. Du siehst auch die Kurslinie, wie sie von Tag zu Tag steigt. Dann aber ist die letzte Kerze, die Aktuellste, rot. Hier zeigt sich, dass der Trend vielleicht gerade umbricht. Halte von dieser Aktie Abstand.

Es gibt Setups, die mit schwankenden Kursen arbeiten. Dann siehst du die Kerzen, wie sich rot und grün abwechseln. Dabei muss es nicht ein Tag rot oder ein Tag grün sein. Es gibt kurze Rotphasen, die sich mit ebenso kurzen Grünphasen abwechseln. Wenn nun aber in den letzten Tagen diese Schwankung nicht mehr vorliegt, die letzte Phase also ungewöhnlich lang ist, dann lass die Finger davon. Diese Aktie ist dabei, ihren Kurs zu ändern und passt dann nicht mehr in das gewählte Setup.

Die Kursspanne

Die Kursspanne liest du an dem Docht der Kerze an. Wenn die Aktie beginnt, in ihrem Kurs zu erschöpfen, dann ändert sich ihr Trend bald. Dann ist es für dich gefährlich, in sie einzusteigen. Das kannst du an dem Docht der Kerze, der die Kursspanne anzeigt, ablesen.

Sobald sich der Trend erschöpft, schwankt der Kurs erheblich. Die Kursspanne öffnet sich und der Docht der Kerze wird sehr lang. Sobald du das siehst, Finger weg. Der Trend wird sich ändern und es gibt keine Möglichkeit, festzustellen, welche neue Richtung er einnehmen wird.

Der richtige Kurs

Gegenanzeigen sind wichtig und sie zu erkennen ist ebenso wichtig. Du darfst dir davon aber keine Angst einjagen lassen, denn dann gibst du schon von Vornherein auf. Es kommt darauf an, den genau richtigen Kurs zu finden. Das ist genau der Kurs, der viel zu gut ist, um ihn nicht zu nutzen. Dieser Kurs erfüllt die Voraussetzungen des gewählten Setups zu gut und die Gegenanzeichen existieren nicht oder sind nicht aktuelle. Dann kannst du dich an diese Aktie heranwagen.

Warte nicht auf den Tiefst- oder Höchststand

Versuche nicht, den perfekten Trade durchzuführen. Der perfekte Trade startet mit dem absoluten Tiefststand der Aktie und endet mit ihrem absoluten Höchststand. Darauf kommt es aber nicht an. Warte nicht auf den Tiefststand. Finde einen Stand, der niedriger als das Normal ist und verkaufe sie, wenn sie über dem Normal liegt. Du brauchst nicht den seltenen perfekten Gewinn, du brauchst ständig immer wieder neue, kleine Gewinne.

Überleg dir im Vorfeld, wie viele Punkte die Aktie steigen musst, damit es sich für dich lohnt. Wähle danach den Moment des Kaufes und den Moment des Verkaufes. Warte nicht auf die

Extreme, sondern auf deine Gewinne. Dann kannst du jeden Tag ein wenig absahnen.

Und was, wenn die Aktie weitersteigt? Wenn sie nach dem Verkauf weitersteigt und dabei weiterhin die Voraussetzungen des Setups erfüllt, dann kaufe sie wieder und verkaufe sie erneut. Auf diese Weise nimmst du mehrmals mit der gleichen Aktie einen Gewinn mit. Es kommt eben nicht auf einmal und viel Geld an, sondern immer wieder und jedes Mal ein wenig Geld.

Lege deine Werte vor dem Trade fest

Sobald ein Trade beginnt, übernehmen die Emotionen die Kontrolle. Daher musst du dir von vornherein deine Ziele und Grenzen festlegen, damit du diese auch dann noch verfolgst, wenn dir deine Gefühle das Denken schwermachen.

Fang mit dem ersten Wert an. Dieser ist der Preis, bei dem du die Aktie kaufst. Danach kommt der Preis, den du erreichen willst, also dein Gewinnziel. Soweit hast du dir das bestimmt schon überlegt. Für das Gewinnziel musst du aber auch bedenken, dass du die Kosten abrechnen musst. Jede Order kommt mit einer Gebühr. Dein Gewinn muss diese Gebühr auch abdecken. Gut, das war der einfache Teil.

Zu dem Kauf- und Verkaufspreis kommt noch ein Wert, den du bestimmt nicht magst, der aber überlebenswichtig ist. Das ist der Verluststopp. Überleg dir, wieviel Verlust du bereit bist, einzustecken. Sobald diese Grenze überschritten wird, die Aktie also unter diesen Wert fällt, musst du sie verkaufen. Dann reißt sie dich nicht mit sich in die Tiefe, wenn sie richtig einbricht.

Ja, ja, wir alle wissen, dass du die Verluste nicht realisierst, solange du die Aktie hältst. Wenn du sie also nicht verkaufst, dann steigt sie vielleicht wieder und du bekommst dein Geld zurück. Vergiss das und zwar aus zwei Gründen. Erstens weißt du nicht, ob sie steigen wird. Sie kann immer weiter sinken und damit deinen Verlust nur noch vergrößern. Zweitens ist dein Geld in der Aktie gebunden, solange du sie hältst. Es kann dir dann keinen Gewinn auf andere Weise bringen. Du musst sie also verkaufen, um nicht noch mehr Verluste zu machen und um mit einem neuen Versuch mit einer anderen Aktie zu deinem Gewinn zu kommen.

Sei absolut unflexibel

Gerade am Anfang willst du mal eben eingreifen, sobald du eine Aktie gekauft hast und Bewegung in den Kurs kommt. Dann willst du mit dem Verkaufen noch warten, wenn sie fällt oder wenn sie steigt. Damit aber brichst du die Regel, dass du alle Werte vorher festlegst, damit du mit deinem Verstand arbeitest. Du bist im Daytrading, nicht im Zusehen und Abwarten.

Halte dich an deine Vorgaben und wenn du es überhaupt nicht aushalten kannst, dann berechne einfach auf einem Papier, wie das Ganze endet, wenn du an den Werten herumfummelst. Deine Aktie jedoch kaufst und verkaufst du so, wie du es geplant hast und nicht anders. Die Auswertung deines Abwartens auf Papier wird dich bestimmt ernüchtern.

Daytrading mit dem 9/30 Setup

Wenn du mit dem Daytrading beginnst, solltest du zuerst ein einfaches Setup verwenden. Eines der Einfachsten ist das 9/30 Setup, denn hier arbeitest du mit dem Trend und nutzt kurzfristige Einbrüche aus. Dabei kannst du für dich selbst einen längeren oder einen kürzeren Handelsrahmen wählen. Damit bist du sozusagen noch in einer Grauzone zwischen dem kurzfristigen und dem mittelfristigen Trading.

Entscheidest du dich für den kurzfristigen Handelsrahmen, dann nutzt du einen längeren Aufwärtstrend, der einen kurzen Einbruch erlebt hat. Du hältst die Aktie dabei nur für Stunden oder Tage. Wählst du einen längeren Handelsrahmen, dann nutzt du einen längeren positiven Trend aus. Hier hältst du die Aktie über Tage oder Wochen.

Die Charts einrichten

Für das 9/30 Setup kommt es darauf an, dass du eine Aktie mit dem richtigen Trend findest und diesen Trend auch richtig abliest. Daher bedienst du dich hier zweier wichtiger Hilfsmittel und zweier Charts.

Lege dir einen Chart mit einem längeren Zeitraum von mindestens einem Monat an. Dazu nimmst du einen zweiten Chart mit einem kürzeren Zeitraum von höchstens einer Woche. Leg beide Charts so auf den Bildschirm deines Computers, dass du sie beide zur gleichen Zeit sehen kannst.

Bevor du nun beginnst, interessante Aktien durchzuklicken, brauchst du die beiden Hilfsmittel. Diese bestehen aus zwei gleitenden Durchschnitten. Der erste ist der MA9, also der gleitende Durchschnitt der letzten 9 Tage. Das zweite ist der MA30, also der gleitende Durchschnitt der letzten 30 Tage.

Der MA30 bildet einen längeren Trend in dem Chart ab. Du siehst dort den aktuellen Kurs mit seinen Ausschlägen und den MA30, der sich sanft hindurchschwingt. Der MA9 zeigt die kurzfristigen Bewegungen der Aktie. Hier siehst du, ob sie sich eher ruhig am Markt verhält oder ständigen Schwankungen unterlegen ist.

Der lange Handelsrahmen

Bei beiden Handelsrahmen kommt es darauf an, den Trend nun korrekt abzulesen und zu vergleichen. Der lange Handelsrahmen verlangt nach einem stetig steigenden Trend an. Dabei kann es kurzfristige Ausschläge geben. Diese siehst du einmal in dem aktuellen Kurs der Aktie. Da dieser aber alle Ausschläge anzeigt, wird es schwer für dich, die Trends zu erkennen. Darum verwendest du die gleitenden Durchschnitte.

Steigt die Aktie stetig, egal ob sie dabei mehr oder weniger nach oben ausschlägt, dann stellt sich der MA30 als eine lange Linie dar, die die ganze Zeit über langsam nach oben geht. Für den langen Handelsrahmen kommt es nun darauf an, wie sich der MA9 verhält.

Beim langen Handelsrahmen willst du, dass die Aktie weiter stetig ansteigt. Du möchtest sie vielleicht für eine Woche halten und dann wieder abstoßen. Für einen solch langen Zeitraum willst du sicher sein, dass sie nicht einfach wieder einbricht. Das Risiko eines plötzlichen Absturzes lässt sich natürlich nie ausschließen, doch was für einen Monat nach oben geht, wird nicht ohne Grund plötzlich abfallen.

Den ständigen Aufwärtstrend erkennst du, wenn der MA9 sich immer oberhalb des MA30 bewegt. Da der MA9 die letzten 9 Tage abbildet und der MA30 die letzten 30, muss sich der MA9 konstant über dem MA30 befinden, wenn die Aktie ständig ansteigt. Das liegt daran, dass die letzten 9 Tage einen höheren Wert aufweisen, als die 21 Tage, die davor lagen und noch im MA30 enthalten sind.

Achte also erstens darauf, dass sich der MA9 oberhalb des MA30 befindet. Achte aber auch darauf, dass er sich dabei so bewegt, dass er auch oberhalb bleibt. Dabei darf er sich ruhig etwas schlängeln. Wenn er aber anfängt, sich mehr und mehr in Richtung des MA30 zu bewegen, dann wird die Aktie nicht mehr viel steigen oder sogar bald abfallen.

Für den langen Handelsrahmen kommt es also darauf an, dass sich der MA30 sanft ansteigend verhält und der MA9 ständig darüber befindet. Er darf dabei nicht so aussehen, als würde er sich bald mit dem MA30 kreuzen.

Kaufe nun die Aktie, indem du einen Kauforder eingibst. Dafür aber brauchst du den richtigen Moment. Bis jetzt hast du nur auf die beiden MA geschaut. Hast du dich mit ihnen vergewissert, dass die Aktie den richtigen Trend aufweist, dann achte nun auf den aktuellen Kurs. Wenn dieser fällt, wird es Zeit für dich, die Aktie zu kaufen. Sobald eine gesamte Kerze sich unterhalb des MA9 befindet, hast du deinen Kaufpreis. Die Aktie ist gefallen, also muss die Kerze rot sein. Die gesamte Kerze sollte unterhalb des MA9 liegen.

Kauf die Aktie nun mit dem Preis des aktuellen Schlusskurses und ein wenig darüber, aber immer noch unterhalb des MA9. Stoppe den Kauf, wenn sie den Wert des MA9 erreicht hat. Jetzt lehn dich zurück und schau zu, wie die Aktie weiter ansteigt. Setz dir ein reales Limit. Je nach Anstieg der Aktie kannst du dann warten, bis sie um 5, 10 oder 20% nach oben gegangen ist. Dann gibst du deine Verkaufsorder ein.

Wenn du die Kauforder eingibst, musst du auch eine Stop Loss Order eingeben. Diese sollte beim Wert des MA30 liegen. Sollte die Aktie also wider Erwarten einbrechen, steigst du aus, bevor sie dich in den Abgrund reißt.

Der kurze Handelsrahmen

Der kurze Handelsrahmen beginnt mit den gleichen Charts und dem MA9 und MA30. Hier aber möchtest du einen anderen, kurzfristigen Trend ausnutzen. Daher suchst du eine Aktie, bei der sich das Verhältnis MA30 zu MA9 anders darstellt.

Was du brauchst, ist eine Aktie, die konstant ansteigt, aber dabei heftigen Schwankungen unterliegt. Daher sollte der MA30 so aussehen, dass er konstant und langsam nach oben geht. Damit gleicht er dem MA30 im langen Handelsrahmen. Der Unterschied liegt nun im MA9

Der MA9 schwankt heftig, weil auch die Aktie trotz ihres Aufwärtstrends gleichzeitig stark auf und ab geht. Der MA9 schlängelt sich also um den MA30. Beide kreuzen sich immer und immer wieder. Jetzt kommt es für dich darauf an, den richtigen Zeitpunkt für den Einstieg zu finden.

Dein Moment kommt, wenn sich der MA9 unter dem MA30 befindet. Jetzt kommt es auf den aktuellen Kurs an. Hier brauchst du eine Kerze, die komplett über dem MA9, aber noch unter dem MA30, liegt. Die Kerze sollte grün sein, weil die Aktie jetzt ansteigen muss.

Von dem MA9 ausgehend, wird der aktuelle Kurs bald wieder oberhalb des MA30 liegen. Sobald der MA9 einen Wert unterhalb des MA30 erreicht hat, bei dem er das letzte Mal wieder anstieg, kaufst du die Aktie.

Gib eine Kauforder mit offenem Preis ein. Stoppe den Kauf, wenn du deine finanziellen Grenzen für diese Aktie erreicht hast oder der Preis der Aktie den MA30 erreicht. Nun warte ab. Da die Aktie stark schwankt, wird sie bald wieder über dem MA30 liegen. Setze den Verkaufspreis ein wenig unterhalb des letzten Höchststandes des MA9 an. Dann lehn dich zurück und sie, wie die Aktie wieder verkauft wird und dir einen Gewinn einbringt.

Was du jetzt aber noch brauchst, ist die Notverkaufsorder. Lege diese mit dem Preis etwas unterhalb des Tiefststandes

des MA9 fest. Die Aktie schwankt stark, du wirst also wahrscheinlich einen Profit machen. Es besteht aber immer die Gefahr einer Trendwende bzw. eines Absturzes. Mit dieser Notausstiegsorder bist du dagegen geschützt.

Der kurze Handelsrahmen erlaubt es, einen relativ guten Profit in sehr kurzer Zeit mitzunehmen. Der Nachteil ist, dass dabei auch das Risiko höher ist. Eine Aktie, die so stark ausschlägt, kann immer in ihrem Trend umkippen und dann musst du schnell aus ihr aussteigen.

Der Vorteil für Anfänger

Für Anfänger lassen sich beim 9/30 Setup die Trends relativ einfach ablesen. Es lassen sich auch die Eckdaten für den Kauf und Verkauf schnell erkennen und eingeben. Auch kannst du alle Werte vorher festlegen und sogar schon als Ordern in Auftrag geben. Damit bist du auf der sicheren Seite. Vor allem brauchst du keine Entscheidungen in der Hitze des Gefechts mehr zu fällen.

Zugleich ist bei diesem Setup die Chance auf den Erfolg sehr hoch. Gerade als für Anfänger und Trader die eher vorsichtig vorgehen wollen, lohnt es sich dieses Setup anzuwenden. Du musst dir aber ein vernünftiges Ziel für den Kurs setzen und vor allem dich dann auch daranhalten. Nur dann kann dieses Setup auch wie gewünscht funktionieren.

Daytrading mit einem Swing Setup

Das Trading mit einem Swing Setup bzw. das Swing Trading erlaubt es dir, Trends zu erkennen und diese in einem längeren oder kürzeren Rahmen auszunutzen. Dabei musst du jedoch gut darin sein, Charts abzulesen und zu vergleichen. Daher solltest du dich hier langsam an die Materie heranwagen und ohne den Einsatz von echtem Geld üben, bis du die Charts in- und auswendig kennst.

Die einfache Variante

Die einfache Variante beschränkt sich auf zwei Charts und relativ langen Zeiträumen. Hier werden Aktien für Tage oder Wochen gehalten. Du gehst also langsam vor und triffst deine Entscheidungen mit viel Zeit zum Überlegen. Darüber hinaus wählst du Aktien, deren Trends ziemlich eindeutig sind und die damit ein geringes Risiko darstellen.

Fang mit zwei Charts an. Der erste Chart ist der Wochenchart. Damit kannst du längere Trends ablesen. Der zweite Chart ist der Tageschart. Dieser gibt dir die Signale zum Handeln. Wenn du dich mit den Charts schon ein wenig besser auskennst, dann kanns du dir auch noch einen Monatschart dazuschalten. Das erlaubt es dir, auch noch längere Trends abzulesen. Das verringert dein Risiko, dir die falsche Aktie auszusuchen.

Was du nun brauchst, ist eine Aktie, die im Wochen- und Monatschart, falls du diesen dazuschalten kannst, langsam ansteigt. Dabei können sich auch gern sanfte und schnelle Steigungen abwechseln. Es sollte jedoch keine Kursabschnitte vorliegen, auf denen der Kurs nach unten geht oder auf denen der Kurs zu stark schwankt.

Hast du eine Aktie gefunden, die im Wochenchart fleißig ansteigt, dann wird es Zeit für dich, sie dir im Tageschart genauer anzusehen. Hier sollte sie am besten eine Kurve mit einem sanften Auf und Ab zeichnen.

Warte, bis die Aktie im Tageschart einen Tiefststand erreicht hat, der einem vorherigen Tiefststand entspricht. Schalte dann den gleitenden Tagesdurchschnitt dazu. Jetzt gibst du eine Kauforder ohne Preis ein und dazu eine Stopporder, deren Preis dem gleitenden Tagesdurchschnitt entspricht. Jetzt wird die Aktie gekauft, bis sie den Wert des Tagesdurchschnitts erreicht hat.

Halte die Aktie nun über die nächsten Tage. Achte darauf, wie sich ihr Kurs in dem Wochenchart entwickelt. Schalte dabei auch den gleitenden Wochendurchschnitt dazu. Sobald dieser beginnt, sich abzuflachen, verkaufst du die Order. Verkaufe sie ohne Preis, aber setze eine Stopporder, die wieder dem gleitenden Tagesdurchschnitt entspricht.

Das Swing Trading ist eines der einfachsten Trading Setups. Dabei erhältst du viel Sicherheit, weil du mit dem

Trend arbeitest und du kannst dich relativ einfach an den Charts orientieren. Fang mit zwei Charts an und schalte den Dritten dazu, wenn dir das Ablesen keine Probleme mehr bereitet. Dann erhältst du noch mehr Sicherheit, dank des dritten und größeren Zeitraumes, den du dir nun anzeigen lassen kannst.

Das komplizierte Setup

Hast du schon Erfahrungen mit drei Charts gemacht und kennst du dich mit dem Swing Trading mehr als nur ein bisschen aus, dann wird es Zeit, das Ganze zu steigern. Das geht, indem du zu den drei Charts noch verschiedene gleitende Durchschnitte dazuschaltest. Damit kannst du die Trends nicht nur mit mehr Sicherheit ablesen, du kannst auch kurzfristige Veränderungen besser ausnutzen.

Die Trends lassen sich besser erkennen, wenn du auf dem Monats- und Wochenchart dir auch noch den MA9 und MA30 anzeigen lässt. Einige Trader bevorzugen auch den MA7 und MA20. Damit bekommst du mehr Sicherheit. Das erlaubt es dir, den Tageschart auf einen Stundenchart oder einen Minutenchart zu verkleinern. Dann suchst du die richtige Aktie mit dem Wochenchart und suchst dir günstige Gelegenheiten im Stundenchart.

Mit dem komplizierteren Setup kannst du kleinere Bewegungen ausnutzen. Das erlaubt es dir, Kursschwankungen mehrmals auszunutzen und somit insgesamt deine Gewinne zu erhöhen. Dabei steigt zwar auch das Risiko etwas, doch solange du dich Trends richtig abliest und die Zeiträume klein hältst, ist es beherrschbar. Vor allem sollltest du nie den Notausstieg vergessen, wenn die Aktie doch mal in die Tiefe fällt

.

Daytrading mit dem 15 Minuten Setup

Das Daytrading mit dem 15 Minuten Setup, auch immer wieder als Scalping bezeichnet, ist ein Setup für Trader, die schon etwas fortgeschritten sind. Es enthält ein etwas höheres Risiko, doch zugleich bringt es gute Aussichten auf einen Gewinn. Das Risiko selbst besteht darin, dass du Entscheidungen unter Zeitdruck fällen musst. Wenn du noch keine richtige Erfahrung mit dem Traden hast, dann ist das genau der Moment, an dem Emotionen dich beeinflussen. Daher fang mit den anderen Setups an und arbeite dich zum Scalping vor.

Die Vorteile des Scalping

Das Scalping erlaubt es dir, gute Gewinne in einem relativ kurzen Zeitraum zu machen. Das eigentliche Trading, ohne Vorbereitung, geht in nur 16 Minuten über die Bühne. Wenn du schon etwas länger dabei bist, wirst du auch nur ein paar Minuten mehr für deine Vorbereitung brauchen. Das kannst du alles frühmorgens erledigen und dann steht dir der Rest des Tages für andere Dinge zur Verfügung.

Das Scalping erlaubt dir auch, wenn du es richtig anstellst, mit Zeit vorzugehen. Das geschieht, indem du die Trades vor dem eigentlichen Beginn richtig vorbereitest. Du triffst alle wichtigen Entscheidungen über die Kauf-, Verkaufs- und Ausstiegspreise im Vorhinein. Dafür aber musst du ein wenig Voraussicht walten lassen, wofür du wieder Erfahrung brauchst. Tust du das aber richtig, dann bleibt dir der Zeitdruck erspart und du musst das Geschehen nur ablaufen lassen.

Das Risiko ist beherrschbar, vor allem, wenn du eine Notausstiegsorder eingibst. Dann kann zwar noch immer einiges Schiefgehen, doch du hast dich vor dem Schlimmsten geschützt. Auch kannst du die Kurse mit anderen Börsen vergleichen, wenn du zusätzlich sichergehen möchtest.

Das Trading

Das Scalping zielt darauf ab, die Anpassungen des Marktes bei Eröffnung auszunutzen. Das heißt, die Börse ist geschlossen. In dieser Zeit sind die Börsen in anderen Ländern aber noch geöffnet. Außerdem gibt es andere Entwicklungen, die auf den Aktienpreis einen Einfluss haben. Sie können sich aber nicht sofort auswirken, weil der Handelstag abgeschlossen bzw. noch nicht eröffnet ist.

Sobald der neue Handelstag dann beginnt, passen sich die Kurse dem Markt an. Dabei kommt es zu erheblichen Schwankungen. Genau diese Schwankungen nutzt du beim Scalping aus. Dabei verwendest du unterschiedliche Setups.

Das erste ist das Kauf- und das zweite das Verkaufs-Setup. Zwischen beiden liegt ein Zeitraum von Tagen oder sogar Wochen.

Alles beginnt mit dem Finden der richtigen Aktie. Diese sollte einen generell steigenden Trend aufweisen. Das findest du über die Wochen- oder Monatscharts heraus. Dort kannst du Aktien vergleichen. Du solltest dazu noch den MA20 oder MA30 verwenden, um die Trends deutlicher ablesen zu können.

Hast du die richtige Aktie gefunden, dann bereite dich für das Trading vor. Schau auf die Kurse der letzten Tage. Dort kannst du deine Limits ablesen. Diese bestehen aus dem Höchst- und dem Tiefstwert dieser Tage.

Der Höchstwert begrenzt den Trade nach oben hin. Das heißt, du steigst nicht ein, wenn dieser Wert von der Aktie schon am Anfang erreicht wird. Es ist nämlich unwahrscheinlich, dass sie sich danach noch erheblich weiter nach oben entwickelt. Du kannst dann zwar noch Glück haben, doch dafür wirst du eine Weile warten müssen. Da es aber beim Daytrading weder um Glück noch viel Zeit geht, ist das keine Option. Befindet sich die Aktie also am Höchstwert, dann Hände weg davon.

Das zweite Limit ist der Tiefstwert, der sich am Tiefststand der Aktie orientiert. Beginnt die Aktie hier, dann gilt es wieder, die Finger davon zu lassen. Damit schützt du dich gegen eine Trendwende, die dir nur Verluste bringt.

Sobald der Handelstag eröffnet, schlagen die Kurse heftig nach oben und unten auf. Solange sich die Aktie dabei aber generell innerhalb deiner Limits bewegt, kannst du sie traden.

Warte nun ab, wie sie sich in den ersten 15 Minuten beruhigt und ihren Kurs der Marktentwicklung anpasst. Sie sollte dann irgendwo zwischen dem Höchst- und Tiefststand der ersten 15 Minuten liegen.

Gib eine Kauforder ohne Preis ein. Gib auch zugleich einen Kaufstopp nach einer Minute und einen zweiten Kaufstopp, wenn die Aktie einen Preis ein wenig über dem Höchstpreis der ersten 15 Minuten liegt. Dann lässt du den Kauf ablaufen und lehnst dich zurück.

Wie du sehen kannst, hast du hier die meisten Entscheidungen vorher getroffen. Du hast die Aktie ausgesucht, die Limits festgelegt, die Eröffnung des Kaufes (nach 15 Minuten) und dessen Ende (eine Minute später). Du hast auch den Kaufstopp über den Preis direkt festgelegt, nämlich ein wenig über den Höchstpreis der ersten 15 Minuten des Handelstages. Da aber alles schnell abläuft, kann es passieren, dass du dich hetzen lässt und dann deine Emotionen mit dir durchgehen. Bleib bei den Werten, die du dir vorher überlegt hast. Das geht selbst für den Kaufstopp. Du kannst vorher entscheiden, ob es ein halber, ein oder zwei Punkte über den Höchststand der 15 Minuten sind.

Halte die Aktie nun für einige Tage. Wenn sie sich richtig entwickelt hat, dann verkaufe sie mit dem gleichen Setup. Beginne den Verkauf 15 Minuten nach Eröffnung des Handelstages und beende ihn eine Minute später. Verkaufe die Aktie ohne Preis, aber stoppe den Verkauf, wenn sie den Tiefststand erreicht hat, den sie in den letzten 15 Minuten aufwies.

Die Ausstiegsstrategien – Dein Schutz vor großen Verlusten

Jedes einzelne Mal, wenn du einen Auftrag an den Broker deines Depots übermittelst, eröffnest du dabei einen Trade. Der Trade kann nur in einer einzelnen Aktion bestehen oder aus einer Ansammlung von Aktionen, die dann deine Strategie darstellen. Letzteres gibt dir die Chance, auch Aktionen festzulegen, die den Trade wieder schließen, bevor die Akte sich zu negativ entwickelt.

Gerade beim Daytrading arbeitest du nur mit kurzen Zeiträumen. Dann hast du nicht immer Zeit, über den Ausstieg nachzudenken. Das heißt, wenn alles läuft, gibt es ohnehin so viel für dich, was du im Auge behalten und bedenken musst, dass es dann der Ausstieg eventuell zu spät kommen könnte. Das aber muss nicht so sein. Du kannst dir deine Ausstiegsstrategie von Anfang an festlegen und sie beim Erstellen des Trades gleich mit an deinen Broker übermitteln.

Das wichtigste Mittel ist der Notverkauf, der Notausstieg oder einfach fachmännisch die Stop Loss Order. Diese Order zeichnet sich durch zwei Dinge aus. Erstens machst du damit einen Verlust. Zweitens verhinderst du damit größere Verluste.

Das größte Problem haben wurde in diesem Buch schon ein paarmal angesprochen. Die Rede ist davon, dass deine Emotionen übernehmen und du dann nicht gewillt bist, Verluste zu akzeptieren. Das ist besonders bei Anfängern ein ganz großes Problem. Du musst aber verstehen, dass es gerade beim schnellen Traden nicht mehr darauf ankommt, Verluste zu vermeiden. Es kommt darauf an, sie zu begrenzen und das Geld dann in andere Aktien einzusetzen. Du musst einfach nur insgesamt mehr gewinnen, als du verlierst. Das beinhaltet auch, kleine Verluste zu akzeptieren.

Die Stop Loss Order kommt auch nicht ohne einen weiteren Nachteil. Sie kann nämlich dafür sorgen, dass du zu früh aus einer Aktie aussteigst. OK; das kann passieren. Das ist auch der Grund, warum selbst der eine oder andere Profi sich nicht mit dieser Ausstiegsstrategie anfreunden kann. Auf der anderen Seite aber schaltet die Stop Loss Order zwei Risiken aus.

Das erste Risiko ist, dass die Aktie zu stark abfällt. Die Stop Loss Order zieht dich dann aus dieser Aktie, bevor sie dich mit in den Abgrund reißt. Wenn eine Aktie nach unten geht, kannst du nicht absehen, wie tief sie sinken wird, wann sie sich wieder erholt oder ob sie sich überhaupt wieder erholt. Da ist es besser, dass du dich einfach aus ihr verabschiedest.

Das zweite Risiko trifft dich auch dann, wenn die Aktie sich wieder langsam von einem kurzen Einbruch erholt. Da du nun abwartest, bis sie wieder genug gestiegen ist, kann dein Geld keine anderen Gewinne einfahren. Es ist einfach gebunden. Das widerspricht der ganzen Idee des kurzfristigen Tradings, bei der du kleinere, dafür aber häufige Gewinne machst.

Die Profis haben meistens genug Geld, dass sie einiges davon in einer Aktie binden können, bis sie sich wieder erholt hat. Du, als Einsteiger, hast diesen Luxus bestimmt nicht. Für dich ist es wichtiger, dass dein Geld dir für andere Trades zur Verfügung steht.

Nehmen wir ein einfaches Beispiel. Sagen wir, du kaufst eine Aktie für 50 € und willst sie bei 55 € wieder verkaufen. Das ist ein guter Plan. Was aber, wenn sie plötzlich absinkt. Wenn du nun abwartest, kann sie irgendwann auf unter 40, dann unter 30 und schließlich unter 20 € fallen. Wann willst du die Reißleine ziehen? Wenn du mittendrin bist, wirst du immer abwarten wollen und hoffen. Wenn du die Stop Loss Order aufgegeben hast, wirst du einfach automatisch die Aktie verkaufen, wenn sie zum Beispiel 45 € erreicht hat. Dann ist dein Verlust viel kleiner. Wenn du aber die Verluste nicht wahrhaben willst und abwartest, kannst du dir ruhig überlegen, wie lange eine Aktie braucht, um sich von einem derartigen Abschwung wieder zu erholen.

Nun klingt das Ganze so, also ob die Stop Loss Order sofort greift, wenn die Aktie auch nur ein wenig absinkt. Nein, die Rede ist von größeren Kursverlusten. Diese musst du anhand der Aktienbewegungen der Vortage einschätzen. Du musst erkennen, was der Trend ist und wann die Aktie zu tief unter diesen Trend absinkt. Diese Grenze ist der Wert für die Stop Loss Order.

Der besprochene Abschwung kommt auch nicht ständig. Theoretisch kann eine Aktie, die über einem Monat hinweg gestiegen ist, sofort sinken, nachdem du sie gekauft hast. Das ist möglich, doch statistisch und realistisch nicht wahrscheinlich. Sehr wahrscheinlich wird sie weiter steigen.

Sie wird schon irgendwann wieder einbrechen, das ist nicht auszuschließen. Doch dann hältst du sie schon lange nicht mehr. Dann hast du sie verkauft und deinen Gewinn realisiert.

Das Daytrading selbst, mit seinen relativ kurzen Zeiträumen, in denen du eine Aktie hältst, macht das Ganze relativ sicher für dich. Du musst dich jedoch auch daranhalten. Das heißt, warte nicht zu lange, bis du eine Aktie verkaufst. Das gilt für den Absturz ebenso wie für den Anstieg. Für den überraschenden Absturz hast du die Stop Loss Order.

Für den Anstieg brauchst du auch eine Strategie. Wenn nicht, wirst du bei einer steigenden Aktie nicht aussteigen wollen. Dann wirst du sie halten und halten. Wenn sie dann ein wenig einbricht, wirst du sie noch mehr halten, denn du willst, dass sie sich wieder erholt. Dann sinkt sie aber noch mehr ab und du willst sie noch mehr halten, denn du willst nicht realisieren, dass du gerade deinen Gewinn verlierst. Das ist genau das Verhalten, was die Leute dazu bringt, ihr Geld am Aktienmarkt zu verlieren.

Deine Ausstiegsstrategie für den Aktienanstieg ist sehr einfach und zweigeteilt. Der einfachste Weg aus der Aktie ist, wenn sie das Gewinnziel erreicht hat. Das Gewinnziel bestimmst du, bevor du überhaupt in die Aktie einstiegst. Du nimmst dir dafür auch die Stände der letzten Wochen und Monate zur Hand. Setze dieses Ziel nicht zu hoch an, denn du willst die Gewinne realisieren, das heißt, du willst die Aktie wieder verkaufen. Nimm also einen Wert an, den sie realistischerweise in einigen Stunden, Tagen oder wenigen Wochen erreichen kann, je nach Aktie und Trend.

Sobald das Gewinnziel erreicht ist, verkaufst du sie. Es kommt nicht darauf an, den maximal möglichen Gewinn aus einer Aktie herauszuholen, sondern einen guten Gewinn. Wer auf den maximal möglichen Gewinn aus ist, wird sich am Ende nur mit Verlusten konfrontiert sehen.

Der andere Weg aus der Aktie ist die Zeit. Du musst dir zu deinem Gewinnziel auch eine zeitliche Begrenzung überlegen. Diese ist immer dann relevant, wenn die Aktie in ihrem Kurs nicht mehr oder nur noch zu langsam ansteigt. Sie ist darüber hinaus auch relevant, wenn die Aktie nur ein wenig fällt, sich aber nicht erholt. Das heißt, sie steht noch über der Grenze für die Stop Loss Order, doch sie bewegt sich nicht mehr in die gewünschte Richtung.

Wenn die Aktie es nicht schafft, das Gewinnziel zu erreichen, dann macht es im Grunde genommen keinen Unterschied, ob sie sachte weitersteigt oder langsam abfällt oder ganz stagniert. Worauf es ankommt, ist, dass sie dir keinen Gewinn bringt. Du musst aus dieser Aktie aussteigen, damit du dein Geld dann anderweitig wieder investieren kannst. Hier muss also auch die Zeit als eine feste Grenze gelten und du solltest nicht versuchen, einfach nur noch einen Tag zu warten. Dann wird daraus nämlich noch ein Tag und noch ein Tag. Am Ende aber wird daraus kein Gewinn. Den könntest du jedoch zur gleichen Zeit durch Aktien eines anderen Unternehmens bekommen.

Vom Anfänger zum Profi

Der Aktienmarkt steckt voller Möglichkeiten, aber auch voller Risiken. Daher kommt es darauf an, eine gute Gesamtstrategie zu entwickeln, damit du es tatsächlich vom Anfänger zum Profi schaffst. Ohne diese Strategie verlierst du dein Geld viel zu schnell und dann bist du einfach nicht mehr in der Lage, zu handeln.

Die Gesamtstrategie

Die Gesamtstrategie hängt im Grunde genommen von zwei Faktoren ab. Wie hoch willst du hinaus und welche Risiken kannst du ertragen. Du musst diese Frage nicht sofort beantworten. Du kannst klein anfangen und dich langsam vorwagen.

Wenn du weißt, dass du viel erreichen möchtest, und bereit bist, dabei Risiken einzugehen, dann ist das Endziel für dich das Daytrading. Wenn du weißt, dass es dir nicht um den großen Profit geht, sondern um weniger Risiko, dann bleib beim Langzeittrading, Fonds und ETFs.

Wenn du dir nicht so sicher bist, dann fang einfach mit dem Langzeittrading, den Fonds und den ETFs an. Dann kannst du dich selbst kennenlernen. Du wirst dabei bestimmt einiges über dich herausfinden. Am Wichtigsten aber ist, dass du merken wirst, ob du mit dem Risiko umgehen kannst und wieviel Profit du möchtest.

Kleines Risiko und kleine Profite

Das ist der einfachste Weg. Konzentriere dich auf das langfristige Trading. Du kannst einfach ein bisschen stöbern. Willst du die Aktien selbst halten, dann musst du ein Depot eröffnen. Ist dir das zu kompliziert, dann steig einfach in einen Fond ein. Möchtest du einen einfachen Fond mit wenig Risiko, dann geh in einen ETF. Willst du etwas mehr Geld, dann geh in einen anderen Fond. Willst du mehr Geld, dann trade selbst.

Große Gewinne mit mehr Risiko

Willst du richtig Geld verdienen, dann musst du ein Daytrader werden. Fang mit dem langfristigen Trading an. Vermeide Fonds und ETFs, denn diese bieten dir keine Erfahrung für das Daytrading. Kaufe zuerst wenige Aktien und halte sie für eine Weile. Dann, mit der Zeit, kaufst und verkaufst du mehr Aktien und du verkürzt die Zeiträume, in denen du sie hältst. Dann wagst du dich an die ersten Daytrades mit den hier vorgeschlagenen Setups heran. Nach einer Weile fühlst du dich damit wohl und das echte Verdienen kann beginnen.

Aller Anfang ist schwer

Am Anfang weißt du nichts. Willst du absolut sichergehen, dann halte dich an ETFs und, wenn du etwas mehr Risiko akzeptieren kannst, an andere Fonds. Studiere mehrere Angebote, vergleiche sie mit dem, was du hier dazu gefunden hast und suche dir das Beste aus. Dann brauchst du hier auch nicht weiterzulesen.

Willst du etwas mehr, zumindest aber Aktien selbst langfristig traden, dann eröffne zuerst ein Musterdepot. Du brauchst noch nicht einmal zu sehr auswählen. Es ist kostenlos und dient nur, zu testen, ob du den Markt verstehen kannst. Darüber hinaus lernst du hier, wie du Aufträge erteilen kannst.

Konzentriere dich mit dem Musterdepot auf das langfristige Trading. Das ist das erste, was du danach mit deinem Geld angehen wirst. Daher ist es wichtig, dass du es zuerst und richtig gut beherrschst. Wenn du Erfolge gesehen und erkannt hast, dass du es kannst, dann lerne noch alles darüber, wie die Aufträge funktionieren. Das schließt das Aufgeben der Aufträge ebenso mit ein, wie der Zeitverzug zwischen dem Auftrag ausfällt und wie er ausgeführt wird. Hast du das alles gelernt, dann wird es Zeit für den nächsten Schritt.

Deine ersten Aktien

Bis hierher kommt es nicht darauf an, ob du ein Daytrader werden möchtest, oder beim langfristigen Trading bleibt. Jetzt geht es erst einmal darum, ein paar echte Aktien herauspicken. Schau dir ihren Verlauf an. Überprüfe das Unternehmen und, wenn du mit allem zufrieden bist, kaufe deine ersten Aktien.

Halte die Aktien für eine Weile. Bist du damit zufrieden, dann hast du deine Form des Tradings gefunden. Bleib dabei und mach deine Gewinne langsam und mit bedacht. Du wirst damit nicht sofort reich, doch mit der Zeit werden sich die Gewinne schön summieren.

Wenn du mit dem Halten der Aktien nicht so zufrieden bist, sondern immer wieder mal was kaufen und verkaufen möchtest, dann wird es Zeit, darüber nachzudenken, das Ganze zu beschleunigen. Jetzt kommt es darauf an, ein richtig gutes Depot zu finden. Du hast schon ein Depot für dein Langzeittrading, OK. Beim Langzeittrading kommt es aber nur auf wenige Werte bei den Depots an. Da du wenig handelst, bewahrst du dort nur deine Aktien auf und dann geht es eben nur um die Depotmiete. Jetzt aber geht es um mehr.

Wenn du mehr handeln willst, dann brauchst du ein Depot, dass dir auch gute Preis für die einzelnen Trades liefert. Finde gute Angebote dafür. Wenn du was gefunden hast, dann eröffne dort ein Musterdepot. Dieses ist auch wieder kostenlos.

Jetzt hast du im Grunde genommen drei Depots. Du hast dein erstes Musterdepot, dein erstes echtes Depot und dein Musterdepot für das Daytrading. Du kannst das erste

Musterdepot nun schließen. Halte deine Aktien und investiere langsam in dem Depot, das du schon hast.

Nutze das neue Musterdepot, um Trades mit kürzeren Laufzeiten zu üben. Dabei lernst du zugleich, wie du die Aufträge in dem neuen Depot aufgibst. Wenn das alles geschafft und erlernt ist, wird es Zeit für den nächsten Schritt.

Werde zu einem Daytrader

Das mittelfristige Trading ist nur für den Übergang geeignet. Das hast hier schon gelesen. Daher sei dazu nur gesagt, dass du deine Trades immer kürzer gestaltest. Damit wirst du auch in den Bereich des mittelfristigen Tradings kommen, doch du wirst ihn schnell durchschreiten, indem du deine Trades weiter verkürzt.

Wenn deine Trades nun kürzer werden, eröffne das neue Depot für das Daytrading. Das alte Depot für das Langzeittrading kannst du nach einer Weile schließen. Es ist bald nur noch ein unnützer Kostenfaktor.

Behalte nach wie vor das Musterdepot für das Daytrading. Übe dort zuerst nur eines der hier vorgestellten Setups. Sobald du das Setup so richtig beherrschst und damit schon im Musterdepot gut gewonnen hast, setze es auch für dein richtiges Depot ein.

Mit der Zeit kannst du dann neue Trade Setups ausprobieren. Übe sie immer vorher im Musterdepot und entwickle mit der Zeit auch deine eigenen Variationen. Je mehr du den Markt kennst, je mehr Erfahrung du hast, desto mehr wirst du von ganz allein dazu übergehen, eigene Strategien zu verwenden.

Von 0 auf 100

Hier hast du nun einige Schritte, wie du vorgehen kannst. Dabei kommt es aber auch immer wieder darauf an, zu überleben. Achte also bei allen Investitionen am Anfang darauf, dass du hier lernen musst. Du darfst dein Geld nicht verlieren, denn sonst ist das Lernen vorüber. Du musst also zuerst einmal darauf achten, dein Geld nicht zu verlieren. Wenn du dann genügend Erfahrung damit hast, kannst du dazu übergehen, zu versuchen, mit deinem Geld einen Gewinn zu machen.

Wenn du am Anfang zu große Risiken eingehst, lernst du gar nichts. Dann verlierst du so schnell, dass du einfach nicht mehr üben kannst. Fang also mit kleinen Summen und sicheren Aktien an. Erst danach darf es dann auch mal mehr sein.

Du lernst nie aus

Komme niemals zu dem Schluss, dass du schon alles weißt oder alles erlebt hast. Das gibt es einfach nicht. Geh immer von der Annahme aus, dass es noch mehr herauszufinden gibt. Suche neues Wissen, nimm es auf und kombiniere es mit deinen Erfahrungen.

Heutzutage ist es leicht, mehr zu lernen. Es gibt das Internet und jede Menge Anleitungen in Büchern. Schau dich auf Webseiten und Blogs um. Achte auf Tipps in Ratgebern. Lies dir die Einträge in Foren durch. Auch wenn du schon viel weißt, auch wenn du dabei nicht immer unbedingt etwas bahnbrechend Neues siehst, wirst du doch immer wieder Ideen finden. Manchmal sind es neue Ideen und manchmal sind es auch nur alte Ideen, die du selbst bereits hattest und dann wieder vergessen hast.

Solange du nach neuen Informationen suchst und dein Wissen erweiterst, kannst du wachsen. Dann kannst du neue Setups, Vorgehensweise und Strategien finden. Dann kannst du dein Einkommen an der Börse erhöhen und immer weiterwachsen lassen.

Mentoren, Webinare, Seminare und Kurse

Es werden immer wieder Mentorprogramme, Webinare, Seminare und besondere Kurse für den Aktienmarkt angeboten. Nicht immer sind diese Angebote hilfreich. Die meisten Informationen bekommst du kostenlos im Internet oder für wenig Geld als Buch. Du brauchst nicht tausende von Euros für ein Mentorprogramm oder hunderte von Euros für einen Kurs hinlegen.

Sei offen

Wichtig ist auch, an das Traden mit einem offenen Geist heranzugehen. Erwarte nicht, dass du einfach so ganz schnell ganz viel Geld verdienen wirst. Vielmehr musst du in der Lage sein, dem Traden selbst etwas abzugewinnen. Du musst es mögen, es muss dich begeistern, denn nur dann bist du motiviert genug, es immer wieder zu versuchen und dabei immer mehr zu lernen.

Das Traden beginnt gewöhnlich mit Verlusten. Aus diesen werden kleine Gewinne und nach Jahren werden daraus große Gewinne. Ohne Begeisterung hältst du das nicht durch. Wenn es nämlich so einfach wäre, würde niemand mehr zur Arbeit gehen und wir würden alle nur traden.

Du musst also bereit sein, Wissen anzusammeln, geduldig zu sein und mit der Zeit immer besser zu werden. Du musst neue Strategien versuchen wollen und du musst dich mir Charts, Geld und Aktien wohlfühlen.

Habe Disziplin

Disziplin ist für deinen Erfolg von unschätzbarer Bedeutung. Dabei kommt es auf sie gleich in drei verschiedenen Ausprägungen an. Fehlt es dir nur einmal daran, dann wirst du entweder schnell aufgeben oder große Verluste machen.

Am Anfang brauchst du Disziplin, damit du nicht zu schnell zu viel erreichen möchtest. Wer das versucht und sofort voll einsteigt, wird sehr wahrscheinlich sehr schnell alles verlieren. Wer sich dagegen zurückhält, nur wenig riskiert und mit sicheren Trades anfängt, der wird lernen. Damit wirst du wachsen und besser und besser werden.

In der Mitte brauchst du Disziplin. Nach einer Weile wird das Traden nämlich langweilig. Du machst dann immer nur das gleiche und die Gewinne sind auch nicht das, was du eigentlich erwartet hast. Wer am Anfang erfolgreich war, steigt nur allzu oft in dieser Phase aus. Die erhofften Gewinne bleiben einfach aus. Es erscheint mühsam, sich für das bisschen Profit abzurackern. Wenn du einen Job hast, kannst du ihn jetzt noch immer nicht an den Nage hängen. Du musst also noch immer zur Arbeit gehen und investierst dann noch deine Freizeit in den Aktienmarkt. Das führt schnell zur Frustration und zu dem Wunsch, einfach damit aufzuhören, um sich dem zu widmen, was du wirklich tun möchtest.

Hast du den Durchbruch geschafft, machst du gute Gewinne, dann musst du nur noch mehr Disziplin haben. Zieh nicht all dein Geld heraus, denn du brauchst es, um damit noch mehr Geld zu machen. Wenn die Summen immer größer werden, nagt die Angst noch mehr in deinem Hinterkopf, sobald eine Aktie den falschen Weg geht. Geht sie aber nach oben, dann meldet sich die Gier. Bei den Summen, die du jetzt hast, ist das nicht verwunderlich. Halte jedoch deine Gefühle unter Kontrolle. Du bist bis hierher gekommen, weil du dich an die Regeln gehalten hast. Lass deine Emotionen nicht die Oberhand gewinnen und dir nun, wenn du schon so richtig in der Materie stehst, doch noch alles verloren gehen.

Belohne dich

Hast du es geschafft, dass du nun endlich vom Aktienmarkt leben kannst, dann wird es Zeit, dich dafür zu belohnen. Warte nicht ab, bis du mehr und mehr Geld hast, bevor du es genießt. Erwirtschafte genug Gewinn, dass du sehr gut davon leben kannst. Hänge deinen Job an den Nagel und lebe dein Leben in vollen Zügen. Wenn du dir das nicht gönnst, dann hast du vorher schon gar keine Motivation, dich durch die kargen Jahre hindurchzubeißen.

Für deinen Erfolg musst du wissen, wie dein Leben aussehen soll, sobald du ihn erreicht hast. Lauf nicht dem Geld hinterher, das motiviert dich nicht. Erkämpfe dir das Leben, das du dir wünschst und nutze das Geld als Mittel, um es zu bekommen.

Male dir aus, wie es sein wird, dein Haus und dein Auto zu haben, dich und deine Familie zu versorgen und dabei noch viel Zeit mit deinen Liebsten zu verbringen. Das gibt dir die Motivation, jeden Tag durchzuhalten. Dann steigst du auch nach schlechten Trades wieder ein. Dann lernst du von deinen Rückschlägen und versuchst es immer und immer wieder. Das ist der wahre Schlüssel zum Erfolg: Motiviere dich mit deinem Bild von deiner Zukunft und gib niemals auf.

Impressum

Rocka Maldini
120, Old Railway Track
SVR 9017,
Santa Venera
Malta

malta.publishing@gmail.com

Cover Foto: www.shutterstock.com // TOPIC SENTENCES
Cover design: Alexey Designs

Risiko-Hinweis und Haftung

Empfehlungen, Charts und Tabellen für verlässlich, jedoch können wir keine Garantie für Richtigkeit und Aktualität übernehmen. Die Inhalte in diesem Werk sind nach bestem Gewissen verfasst, wir halten unsere Quellen für verlässlich, aber auch hier können wir keine Garantie auf Richtigkeit und Aktualität geben. Die Informationen geben lediglich einen Einblick in die Meinung der Verfasser.

Haftungsausschluss

Die Inhalte wurden mit größtmöglicher Sorgfalt erstellt. Der Autor übernimmt jedoch keine Gewähr für die Richtigkeit und Vollständigkeit der hier befindlichen Informationen sowie bereitgestellten Inhalte.

Urheber- und Kennzeichenrecht

Bei den Inhalten die erstellt wurden, werden die Urheberrechte Dritter beachtet. Insbesondere werden Inhalte und Rechte Dritter als solche gekennzeichnet. Sollte der Nutzer trotzdem auf eine Urheberrechtsverletzung aufmerksam werden, bitten wir um einen entsprechenden Hinweis. Bei Bekanntwerden von Rechtsverletzungen werden wir derartige Inhalte umgehend entfernen.

Printed in Poland
by Amazon Fulfillment
Poland Sp. z o.o., Wrocław

57199825R00061